부활하는 개성공단

부활하는 개성공단

발행일   2026년 2월 10일

지은이   이주태
펴낸이   손형국
펴낸곳   (주)북랩

출판등록   2004. 12. 1(제2012-000051호)
주소   서울특별시 금천구 가산디지털 1로 168, 우림라이온스밸리 B동 B111호, B113~115호
홈페이지   www.book.co.kr
전화번호   (02)2026-5777   팩스   (02)3159-9637

ISBN   979-11-7598-038-9 03340 (종이책)   979-11-7598-039-6 05340 (전자책)

작가 연락처 문의 ▸ ask.book.co.kr

전용 게시판에 문의를 남기시면 저자에게 직접 전달됩니다.

(주)북랩 성공출판의 파트너

북랩 홈페이지와 SNS에서 다양한 출판 솔루션을 만나 보세요!

홈페이지 book.co.kr   •   **블로그** blog.naver.com/essaybook   •   **출판문의** text@book.co.kr
카톡채널 북랩

개성공단 잠정 중단 사태를 딛고 일어선
당시 사무처장의 현장 기록과 제언

부활하는 개성공단

이주태 지음

개성공단은 남북이 함께 만든
가장 실질적인 평화의 실험장이다.
재개의 길은 험하지만,
포기할 이유도 서둘 이유도 없다!

중단의 상처를 넘어
부활의 길을 모색한
초대 사무처장의 생생한 현장 보고서

🌊 북랩

필자는 2000년 남북정상회담 이후 남북경협사업을 협의하던 남북
경제협력추진위원회의 지원 인원으로 5차례 회담에 참가했고, 개성공
단 사업이 본격화되던 노무현 정부에서 통일부 개성공단 사업지원단
개발기획팀장으로 근무하면서 개성공단 사업을 직접 담당했으며, 2013
년 9월부터 2014년 7월까지는 개성공단 공동위원회 초대 사무처장으
로 근무하면서 대북 협상의 현장 지휘관 임무를 수행하였다.

개성에서 근무할 때는 남한에서 일할 때와는 달리 시간적으로는 여
유가 있었지만 정신적으로는 우리 측 인원 및 자산의 보호와 대북 협
상 전략을 구상하느라 많은 고민과 성찰을 해야 했다. 개성에서 필자
가 가장 의지한 것은 성경이었고 그 다음은 남북 간 합의서였다. 아침
일찍 일어나 성경을 읽으면서 지혜를 구했고, 북측 당국자와 협상을
할 때에는 합의서를 성경처럼 외우면서 북측을 설득했다. 개성공단 현
안 가운데에는 3통 문제(통행, 통신, 통관 개선 문제), 특히 통행 문제 해
결에 주력했다. 그것이 개성공단 발전의 기본이라고 생각했기 때문이
었다.

개성공단 사무처의 일과는 매일 열렸던 연락관 접촉과 매주 열렸던
남북 사무처장 회의를 중심으로 돌아갔다. 특히 매주 열렸던 남북 사
무처장 회의는 개성공단 현안을 논의했던 중요한 회담이었기에 사전
준비와 사후 평가를 철저히 하지 않을 수 없었다. 그 과정에서 나의 생

각을 정리할 필요를 느꼈고 자연스럽게 이것을 일기 형식으로 노트에 기록하게 되었다. 이 책은 그 기록을 펴낸 것이다.

2016년 2월, 청와대에서 개성공단이 문을 닫는 모습을 참담한 심정으로 지켜보면서 개성공단이 이렇게 허무하게 무너지지는 않을 거라는 생각을 했었다. 그 뒤로 북한이 추가 핵실험을 하고 국제사회의 대북 제재가 강화되면서 일시적으로나마 절망적인 생각도 했지만, 개성공단이 부활할 수 있다는 근본 생각에는 변함이 없었고 지금도 마찬가지이다. 그 기저에는 통일은 반드시 온다는 신앙적 믿음이 있고 그 과정에서 개성공단도 재개될 것이라는 꺾이지 않는 소망을 가지고 있는 것이다.

왜냐하면 개성공단은 남북 모두의 수요가 지대하고 남북 모두에게 유익을 끼칠 수 있는 사업으로서 남북 간 접점이 매우 넓고 깊으며 10여 년의 공동 운영의 경험이 있기 때문이다. 어디 그뿐이랴, 매주 수요일 저녁 개성교회를 중심으로 모였던 수많은 성도들의 믿음의 기도가 주님의 보좌 앞에 상납되어 있을 것이고, 하나님께서 켜켜이 쌓인 그 기도의 두루마리를 친히 읽으시고 응답하시는 날이 반드시 올 것이라고 믿고 있다.

이제 문제는 '어떻게 부활의 조건을 마련할 것이냐'인 것이다. 즉 개성공단은 반드시 재개되겠지만 높고 험한 여러 고개를 슬기롭게 넘어야 한다는 뜻이다. 남북 간 신뢰가 조성되어야 하고 핵문제와 대북 제재 문제의 실마리가 풀려야 한다. 그러기 위해서는 시간이 필요하다. 그 시간이 길어질 수도 있지만 중간에 포기해서는 안 되고 그렇다고 서둘러서도 안 된다.

개성공단 사업을 부활시키는 조건을 생각할 때 가장 먼저 해야 할 일은 과거의 경험을 성찰하는 것이다. 지금까지 개성공단 사업에 대한 회고록과 분석 논문, 저서가 적지 않게 나왔다. 그러나 정부 당국자의 일기 형식의 저서는 이 책이 최초일 거라고 본다. 아무쪼록 이 기록이 의미있게 쓰임받기를 기대한다. 그리고 이 책의 마지막 장에서 제시한 필자의 개성공단 부활 방안도 정책 참고 자료로써 도움이 되었으면 한다.

이 책을 서술하면서 필자의 머리에 제일 먼저 떠오른 것은 아직도 현직에서 활동하고 있을 일부 북측 파트너들이었다. 이 책으로 인해 그들에게 피해를 끼치지 않아야 하겠다는 생각이 컸기 때문에 북측 사무처장 외에는 북측 성원들의 이름은 이니셜로 처리하기로 했다.

그리고 볼펜으로 쓴 일기를 PC로 옮길 때 오타와 문맥을 바로잡는 것 외에는 가급적 적힌 대로 기록하려고 했다. 다만 독자들이 개성공단 현안들과 분위기를 좀 더 온전히 이해할 수 있도록 관련 에피소드와 해설을 붙였다.

이 책을 서술하는데 많은 분의 도움을 받았다. 양무진 총장님은 양총장님이 통일부장관 보좌관으로 근무하던 시절부터 필자에게 대북협상과 정책에 대한 많은 가르침을 주셨다. 홍승표 박사의 논문은 개

성공단에서 있었던 재미있는 에피소드를 풍부하게 제공해 주었고 개성
공업지구관리위원회에서 발간한 백서와 개성공업지구지원재단의 내부
자료들도 필자의 기억을 되살리는 데 큰 도움이 되었다. 개성공단 근무
경험이 필자보다 많았던 박상돈 하나원 분원장(당시 부장)은 개성 현지
에서 동고동락하면서 필자의 든든한 오른팔이 되어주었고, 당시 개성
교회를 섬기셨던 정병업 목사님은 지금까지도 필자에게 영적 가르침을
주고 계시는데, 이 책의 발간을 위해서도 중보기도를 많이 해 주셨다.
또한, 필자가 개성에 있는 동안 남편의 빈자리를 채우며 가정을 잘 보
듬어준 아내와 대견하게 자라준 아이들에게도 많은 빚을 졌다. 이 모
든 분의 기도와 사랑에 깊은 감사를 드리지 않을 수 없다.

2026년 2월이면 개성공단 전면 중단 10년이 된다.
모쪼록 이 책이 격변하는 한반도 정세 속에서 남북관계 발전을 바라
는 국민들에게는 희망을 주고 정책당국자들에게는 개성공단을 부활시
킬 수 있는 영감을 주었으면 한다.

하나님, 개성공단 부활의 길을 열어 주옵소서

2026년 2월
개성공단 전면 중단 10주기에 즈음하여 **이주태** *씀*

목차

1.

개성공단 탄생 과정의
5가지 역사적 순간들

필자가 개성공단 공동위원회 초대 사무처장으로 부임한 날짜는 2013년 9월 30일이었다. 독자들이 이 책 내용을 잘 이해할 수 있게 하도록 그 이전까지 전개되었던 개성공단의 역사를 간단히 소개하는 것이 필요하다는 생각이 들었다. 그러나 10여 년의 역사를 편년체 식으로 서술하면 독자들의 집중도가 떨어질 것이므로 필자는 다른 방식을 찾게 되었다. 즉 개성공단이 탄생하고 2016년 2월 전면 중단될 때까지 가동될 수 있도록 뒷받침했던 초기 단계의 5가지 역사적 장면을 선정하여 이를 정리함으로써 개성공단 초중반기 역사를 약술해 보는 것이다.

첫째는 민간 차원 및 정부 차원의 개성공단 개발을 위한 남북 합의라고 할 수 있다.

개성공단은 1998년 국민의 정부 출범과 2000년 남북정상회담을 계기로 급변했던 남북관계와 교류 확대 분위기 속에서 탄생하였다. 1999년 정주영 회장이 김정일 위원장을 면담하여 남북 합작 공단 건설사업을 논의했고[1] 2000년 8월, 현대그룹 정몽헌 회장이 방북하여 북한 측과 개성공단 건설 운영에 관한 합의서를 체결하였는데 이것이 개성공

---

1) 2000년 이전까지는 신의주, 해주 등이 공단 후보지로 거론되었다.

단 사업의 실질적 출발점이었다. 남북관계 특성상 개성공단이 실제 가동되기 위해서는 남북 당국 간의 협의를 통한 제도적 뒷받침이 필수적이었는데, 2001년 9월 남북장관급회담에서 개성공단 사업 추진에 대한 당국 간 합의를 거쳐 2002년 임동원 특사의 방북을 계기로 당국 간 협의에 속도가 붙었다. 이와 같이 당시 남북 간 첨예한 대립 상황에서 민간 부문과 정부 당국이 힘을 합쳐 남북 협력의 물꼬를 텄고 개성공단 사업의 탄생을 추동했다고 할 수 있다

둘째는 남북 통행을 위한 경의선·동해선 도로 연결 합의(2000년)이다.

남북정상회담 후속조치로 2000년 7~9월 1차·2차 남북 장관급회담에서 경의선 및 동해선 철도와 도로 연결에 합의한 것도 중요한 역사적 터닝 포인트였다. 개성공단 사업은 남북 간 물류 이동을 위한 육로 연결이 필수적이었기 때문이다. 2002년 9월 12일 UN군과 조선인민군 간 "비무장지대 일부 구역 개방에 대한 합의서" 체결을 시작으로 남북군 당국간 군사적 보장 합의서를 채택하고 또한 남북철도·도로 연결 실무접촉 및 협의회를 수차례 가진 후에 우리 측 통일대교 북단에서 북측 개성공단 입구까지 총연장 10.1㎞ 구간의 도로가 개통되었다. 우리 측 구간 5.1㎞는 2003년 10월 완료하였고 북측 구간 5.0㎞는 2004년 10월 완공되었다.[2] 이는 분단된 한반도를 물리적으로 잇는 상징적인 의미를 넘어 개성공단에서 남북 간 경제협력을 위한 육상 통로를 잇는 중요한 사업이었다.

셋째는 북한의 '개성공업지구법' 제정(2002년)과 우리 정부의 사업자

---

2) 개성공업지구지원재단, 『개성공단 관리·운영 백서〔2003년~2015년〕』(2018년 4월 26일), p.89.

승인(2002년)이다.

2002년 11월 북한 최고인민회의 상임위원회가 채택한 '개성공업지구법'은 공단 운영의 법적 기반을 마련했는데, 이 법은 외국 기업의 북한 내 경제 활동을 보장하는 내용을 담고 있어, 남한뿐 아니라 국제 사회에도 개성공단 사업의 안정성을 보여주는 조치로 평가받았다. 이어 우리 통일부도 2002년 말 현대와 LH공사를 협력사업자로 승인[3]했고, 마침내 2003년 6월 30일 개성공단 착공식이 거행되기에 이르렀다.

넷째, 전력·통신 등 핵심 인프라 구축 (2005년)이다.

공단의 실질적인 가동을 가능하게 한 전력 및 통신 시설 구축도 빼놓을 수 없는 중요한 역사적 장면이다. 2005년 3월 한전의 전력 공급과 12월 KT의 광케이블 개통은 단순한 기반 시설 마련을 넘어, 북한 내에 남한의 기술과 시스템이 안정적으로 도입되어 운영될 수 있음을 증명했다. 이는 개성공단이 단순한 공장의 집합이 아니라, 남북이 함께하는 경제 공동체 형성으로 나아가는 전기가 되었다.
이와 함께, 개성공단 사업을 지원하기 위한 다양한 인프라가 구축되었다. 정부 조직으로는 2004년 10월 통일부에 '개성공단 사업지원단'이, 개성 현지에는 '개성공업지구 관리위원회'가 개소했다.

다섯째는 본단지 착공 전 시범단지 조성 결정(2003년)이다.

개성공단 사업의 불확실성을 고려해, 1단계 100만 평 개발에 앞서 소

---

3) 협력사업 승인은 사업자 간 토지임차료 등 계약체결 이후 2004년 4월에 이루어졌다.

규모 시범단지를 먼저 조성하기로 한 결정은 매우 주효했다. 이는 개성
공단 사업의 모멘텀을 유지하면서, 시범 사업을 통해 공단의 성공 가능
성을 검증하고, 대내외의 우려와 반대 여론을 넘어서게 한 현명한 전략
이었다. 이 결정 덕분에 공단은 단계적으로 안정적인 성장을 모색할 수
있었다. 이후 토지공사는 2004년 6월 14일, 15개 기업과 시범단지 입주
계약을 체결했고, 같은 해 12월 15일, 정동영 통일부 장관이 참석한 가
운데 입주 기업인 리빙아트는 준공행사와 함께 개성공단 첫 제품 출하
기념식을 개최했다.

 시범단지가 안착되자 정부는 2005년 8월에 본단지 1차 분양을 실시
하여 24개 기업, 기관을 선정하였으며, 2007년 183개 업체를 선정하였
다.[4] 2006년에는 1단계 부지 조성 공사가 끝났으며, 마지막으로 2007년
10월에는 변전소와 용수 시설 등 내부 기반 시설이 완공되었고 10월
16일 개성공단 1단계 준공식이 열렸다.

송도삼절? 이젠 '송도사절'이다[5]:
황진이·서경덕·박연폭포, 그리고 개성공단 (2006.12.26)

 송도삼절이라 함은 개성의 뛰어난 세 가지를 일컫는데, 흔히 황
진이의 아름다움, 서경덕의 고매함, 박연폭포의 화려함을 말한
다. 이제 유서 깊은 도시 개성은 또 하나의 큰 자랑거리를 갖게 되
었으니, 그것은 남과 북이 힘을 합쳐 건설하는 개성공단이 아닌가
한다.

---

4) 개성공업지구지원재단, 상게서, p.8.
5) 김동근 개성공단 초대 관리위원장도 "송도 4절을 꿈꾸다"라며 같은 생각을 표했다. 김
   동근, 『개성 1,200일 빛과 그림자』(렛츠북, 2022.11), p. 228.

(중략)

최근 북핵 정국과 관련하여 강조하고 싶은 개성공단의 중요한 측면이 하나 더 있다. 개성공단 사업은 북한에게 어떻게 하는 것이 정당한 방법으로 일하는 것이고 합법적으로 돈을 버는 것인지를 가르쳐주는 사업이다. 핵개발, 무기장사, 돈세탁 이런 행태가 아니라 정상적 경제협력과 시장경제 학습만이 생존의 길이라는 점을 눈으로 보여주는 것이다.

이러한 관점에서 미국 국제경제연구소 몽고메리 그레이엄(Montgomery Graham) 선임연구원이 지난 14일 주미한국대사관 코러스하우스 강연에서 한 말을 음미할 필요가 있다. "개성공단이 성공하면 불량국가인 북한이 최소한 '덜 무책임한' 나라로 바뀔 가능성이 있다." 북핵 문제의 평화적 해결을 원하는 많은 사람들이 북한 핵실험에도 불구하고 개성공단 사업을 지속해야 한다고 하는 것은 개성공단 사업의 이러한 전략적 측면 때문이다.

물론 개성공단 사업이 경쟁력을 갖춘 국제 수준의 공단으로 발전하기 위해서는 아직 갈 길이 멀다. 개성공단 사업의 투명성이 더욱 강화되어야 하고 보다 자유로운 통행제도 또한 시급히 마련될 필요가 있다. 무엇보다 핵문제가 해결되어 개성공단 사업 추진환경이 안정되어야 한다. 이러한 과제들은 개성공단의 발전 뿐만 아니라 국가경제와 안보, 남북관계에 미치는 영향이 크기 때문에 현 시대를 살고 있는 우리 모두의 몫이라고 할 수 있다.

남북 당국과 입주기업의 역할도 중요하지만 이 글을 읽고 개성공단의 진실에 한걸음 더 다가선 독자 여러분의 올바른 판단과 성원이 개성공단을 국제 수준의 공단, 송도사절로 만들 수 있는 힘이 될 수 있다.

이렇게 건설되어 우여곡절을 겪으면서도 발전해 나가던 개성공단은 이명박 정부 들어 북한의 12.1 출입제한조치 등으로 타격을 받았고 5.24 조치로 인해 심각한 손상을 입게 되었다. 2010년 3월 천안함 폭침의 대응조치로 취해진 5.24조치로 인해 대북투자와 협력은 원칙적으로 금지되었다. 다만 개성공단은 그 특수성을 인정받아 기존의 생산활동은 허용되었지만 신규 진출과 투자 확대가 막힘으로 말미암아 현상 유지 상태를 벗어날 수 없게 되었다.

2.

개성공단 공동위원회
사무처 출범

2013년 2월 12일, 북한은 3차 핵실험을 감행하였다. 3월 8일에 유엔안보리는 북한을 제재하는 결의를 채택하였다. 북한은 유엔의 단호한 조치에 반발하면서 우리 측 일부 언론보도기사[6]를 문제 삼아 북측의 최고존엄을 훼손하였다고 비난하였다.

북한은 4월 3일 개성공단 방문을 전면 차단하고 복귀만 허용하는 통행제한조치를 취하더니, 4월 8일에는 김양건 대남비서가 개성공단을 방문하고 "개성공업지구사태와 관련한 중대조치를 취함에 대하여"라는 담화를 발표하였다. 이 담화에 따라 북측은 자기 측 근로자를 전원 철수시키는 동시에 개성공단 잠정 중단 및 존폐 여부도 검토하겠다고 위협하였다.

박근혜 정부는 4월 25일 문제 해결을 위한 당국 간 실무회담을 제의하면서 호응하지 않을 경우 「중대조치」를 시행할 것임을 밝혔다. 그러나 북측이 이를 거부함에 따라 정부는 4월 26일 개성공단 내 체류하고 있는 우리 국민의 신변안전 및 보호를 위해 개성공단 내 잔류인원을 귀환시키기로 결정하였다.

정부의 조치에 따라 4월 27일 입주기업 근로자 126명, 4월 29일 유관기관 관계자 43명이 귀환하였다. 개성공단에는 대북 협의 및 개성공단 내 제반 시설의 유지·관리를 위해 개성공단관리위원회 직원과 기반시

---

6)   북한의 대남 선전매체인 우리민족끼리 논평(4월 11일자)을 보면, (남측 언론이) "개성공단이 '북의 돈줄'이니 '인질'이니 하면서 우리의 존엄을 모독하였다"고 비난하였다.

설 관계자 등 총 7명의 인원만 잔류하였지만, 5월 3일에는 이 인원들마저 귀환하게 되어 개성공단 내에는 우리 국민이 단 한 명도 남지 않게 되었다.

　정부는 공단의 가동중단으로 인한 기업들의 피해를 지원하는 한편, 북한과 대화를 통한 문제 해결 노력을 계속하였는데, 그 와중에 장마철이 다가오면서 개성공단 내 설비 부식을 방지하기 위해 현장점검을 해 봐야 한다는 요구가 강하게 제기되었다. 7월 6~7일 개최된 제1차 개성공단 남북당국 실무회담 합의에 따라 7월 10일부터 19일까지 우리 기업과 지원기관 관계자들이 가동 중단 이후 처음으로 개성공단을 방문하여 기반시설과 개별공장의 설비를 점검하고 완제품과 원부자재를 반입할 수 있게 되었다. 이때 필자는 기업인들과 함께 개성공단을 방문하여 공단설비가 녹슬거나 훼손되지 않았는지 점검하는 기회를 얻었다. 관리위원회의 점검 결과에 따르면 일부 물건들이 분실되는 사례는 있었지만 대체로 모든 완제품이나 자재들이 잘 보관되어 있었고 큰 문제는 없었다고 했다.[7] 필자의 눈으로 봤을 때도 걱정했던 것보다 설비 상태는 괜찮아 보였다. 공단 방문 후 우리 기업관계자들의 후일담이 인상적이었다. "북측 직원들이 그렇게 친절할 수가 없었다. 나 또한 너무 반가왔다." 북측 근로자들의 얼굴이 대부분 홀쭉해졌고 숯 색깔처럼 새까매졌다고 한다.[8] 그들도 공단 중단 기간 노동력 동원 등으로 고생을 많이 했을 것이다.

　남북은 8월 14일 7차 남북당국 실무회담에서 개성공단의 정상화를 위한 합의서를, 8월 28일에는 남북 합의의 후속 조치로써 개성공단 남북공동위원회 구성 및 운영에 관한 합의서를 채택하고, 통행·통신·통

---

7)　홍양호, 『절대로 포기할 수 없는 '통일' 화두』(선인, 2025), p.599.
8)　홍양호, 상게서, pp.603-604.

관 분과위원회, 출입·체류 분과위원회, 투자보호 및 관리운영 분과위원회, 국제경쟁력 분과위원회 등 4개 분과위원회와 함께 상설 사무처를 설치하기로 합의하였다.

그동안 개성공단 사업은 통일부의 남북협력지구발전기획단[9]과 북측 중앙특구개발지도총국을 중심으로 총괄 지원·관리되었으며, 개성공단 관리업무는 개성공단 관리위원회가 전담하고 있었다. 관리위원회는 2004년 10월 20일 개성 현지에서 개소한 이래 순수한 공단 관리, 운영 뿐 아니라 우리 측의 중앙행정기관, 지방자치단체, 산업단지 공단 등의 업무도 대행하는 복합적 역할을 수행해 오고 있었다. 특이한 것은 공단 관리업무를 남측 직원만으로 처리하기는 사실상 불가능하여 북한 근로자도 채용하여 업무를 맡겼는데 2015년에는 북측 운전기사 300여 명을 포함하여 협력부 직원, 미화 및 청사 관리 등 총 543명이 관리위원회에 고용되어 근무하고 있었다.[10]

2013년 개성공단 가동중단 사태를 겪으면서 공단의 안정적 운영을 위해 당국 간 협의 및 관여의 틀이 필요하다고 판단하여 개성공단 공동위원회 및 사무처가 신설되었는데, 이로써 개성공단 운영체계는 기존의 통일부 남북협력지구발전기획단 및 북한 중앙특구개발지도총국, 개성공업지구 관리위원회 외에 개성 현장에 당국 간 공식 기구가 더해져 전면적으로 재편되게 된 것이다.[11]

남북은 9월 24일에는 개성공단 공동위원회 사무처 개소 일정 등에 관한 실무협의를 진행하고 9월 27일 양측 사무처 인원 명단을 교환한

---

9)   2004년 개성공단 사업지원단으로 발족한 통일부 조직이다. 출범 당시부터 한시 조직으로 만들어져서 3~5년마다 명칭이 변했는데, 2009년에는 남북협력지구지원단으로 이름이 바뀌었다.
10)   개성공업지구지원재단, 『개성공단 관리·운영 백서』(2003~2015년), (2018.4.26.), p.37
11)   통일부, 『2014 통일백서』(2014년 3월), p.61.

후 9월 30일에 개성공단 내 종합지원센터[12] 4층[13]에 사무처를 개소하였다.[14]

종합지원센터

---

12) 종합지원센터는 개성공단의 안정적 추진을 위한 다기능 복합센터로써 2009년 12월에 준공하였는데, 연면적 30,911 평방미터, 지상 15층, 지하 1층 건물이었다.
13) 6층 인테리어 공사가 끝나서 2013년 12월 23일, 사무처는 종합지원센터 4층에서 6층으로 이전, 정식 개소하였다.
14) 사무처 공간을 구성할 때 나는 남북경협협의사무소 실패 사례를 감안하여 남북 사무처 인원들이 같은 층에서 근무하도록 요구해서 이를 관철시켰다. 경협협의사무소는 남측은 2층에서 북측은 4층에서 근무하면서 회의는 3층에서 했는데, 북측의 회의 거부시 속수무책이었다. 나중에 개성공단 공동위 북측 사무처가 비슷한 회의 거부 전술을 구사했을 때 남북 사무처가 한 층에서 근무하다 보니 화장실이나 복도에서 자연스럽게 마주치게 되고 비공식적 접촉을 하다 보니 북측 회의 거부 전술이 힘을 잃게 되곤 했다.

3.

긴장하고 적응하며
한 걸음 더 가까이!

▶ 2013.9.30.(월)　　첫 출근

긴장과 설렘을 안고 DMZ를 넘어 개성공단에 처음 출근하였다. 북측
과 사전 협의를 통해 현판식을 공동으로 하자고 제안하였으나 북측은
이를 거절하였다. 단 상견례 및 사진 촬영에는 동의해 왔다. 11시에 윤
승현 처장 등 북측 관계자들과 처음으로 인사를 나누었다. 나는 모두
발언을 통해 "개성공단은 남북 모두에게 중요한 공간이니, 우리가 함께
노력하여 민족 모두에게 기쁨을 주자"고 강조했다. 북측 윤 처장도 개
성공업지구의 발전적 정상화와 개성공업지구의 국제화를 언급하면서
화답하였다. 사실 윤 처장의 발언은 내가 하려고 했던 말이었다. 일단
기대를 가질 만하다는 생각이 들었다.

상견례 후 남측 인원들만으로 현판식을 하고 기념촬영을 했다. 개성
공단 안을 오가는 발길이 분주해 보였다. 저녁에는 홍양호 개성공단관
리위원장이 주최한 환영만찬에 참석했다.

개성공단 남북공동위원회 사무처 현판식(2013.9.30.)

남북 사무처 상견례 모습, 오른쪽 가운데가 필자

▶ 2013.10.4.(금)

　사무처가 개소한 지 1주일이 지났다. 나는 대북협상 업무에서는 북측이 우리 측으로부터 차량과 물품을 확보하는 데에 주력하는 점을 간파하고 일단 가능한 물품의 대북 지원에 호응하면서 북측을 관리해 나가야 하겠다는 생각을 했다. 이와 함께 내부적으로는 우리 사무처가 통일부뿐만 아니라 국정원 등 관계부처 직원과 연합으로 편성된 조직인 만큼 직원 간 화합과 협력, 그리고 복무 규율에도 역점을 두었다. 박상돈 부장에게 복무지침, 보안지침, 당직근무 지침을 마련하라고 지시하고 위기비상사태 대처계획도 초안을 작성했다.

　그러던 중에 타 국가의 정부 인사가 북측을 통해 개성공단을 방문하는 동향이 파악되었다. 그런데 북측은 그 사안에 대해 우리 측 사무처는 물론이고 관리위원회와도 협의하지 않고 추진하고 있었다. 나는 이는 남북 사무처 간 협력과 관련 나쁜 선례가 될 수 있다는 생각이 들어 처장회의에서 북측에 강력 경고하였다. 나의 작심 경고에 대해 북측 처장은 당황한 표정이 역력했다. 배석한 북측 A과장이 당황한 자기 측 처장을 거들기 위해 나왔을 때, 나는 '조언도 때를 가리지 못하면 안 하는 것만 못 하다'고 하면서 단호하게 제지했다. 분위기가 냉각된 가운데 나는 "십 리를 가려면 3시간, 만 리를 가려면 3개월을 준비해야 한다"고 하면서 남북 사무처가 넘어지지 말고 함께 손잡고 천천히 한 걸음씩 나아가자, 서로 긴밀히 소통하며 전진하자고 제언하며 회의를 마무리하였다.

▶ 2013.10.7.(월)

3시에 북측으로 왔다. 북측 인원 2명이 CIQ로 마중을 나왔다. 북측 통행검사소는 입출경 수속에 잘 협조하고 있다.

오늘 분과위를 제안했는데 북한이 어떻게 나올까 자못 궁금했다.

내일 오전에 처장회의를 제안해야 되지 않을까 싶다. 사무처 가동 초기 단계인 만큼 메시지를 정확히 전달하는 것이 중요하다는 생각이 들었다. 북측이 무엇을 잘하고 있는지, 잘못하고 있는지를 지적해 주어야 협력적 관계가 형성되지 않을까 하는 생각이 들었다.

만약 북한이 분과위원회 개최를 거부하면 어떻게 해야 되나? 당 창건일(10월 10일)이 있기 때문에 11일을 받을 가능성은 낮아 보였다. 그나마 14일, 16일이 될 가능성이 높을 것이라는 추정을 해 보았다.

▶ 2013.10.8.(화)

어제저녁 전 직원 단합을 위한 회식을 했다. 관계기관 직원도 나의 말을 인용하며 협조를 다짐했다. 고마운 일이다. 부처간 벽이 많이 허물어진 것 같다.

개성공단 가동 중단 후 새로 짜여진 합의서 체계는 제일 위에 개성공단 정상화 합의서가 있고 그 밑에 공동위원회 구성 운영합의서, 그 아래에 사무처 합의서가 있는데, 사무처 합의서는 지금 북측과 협의 중인 단계이다. 대부분의 물품 수요를 중앙의 도움 없이 자체 해결해야 하는 북측은 우리로부터 가급적 많은 지원을 확보하기 위해 사무처 합의서 체결을 지렛대로 활용하려고 했다.

오늘은 어제 북한에 통지한 분과위 접촉 제의 결과를 기다려야 할 것 같다. 오늘 처장회의를 제의해 볼까, 아니면 내일까지 기다려 보고 처장회의를 하자고 할까 고민하다가 10시 45분에 연락관 전화를 통해 11시 처장회의를 하자고 제안했더니 "처장이 없다"고 한다. 평양으로 갔을 것 같았다. 개인적 용무가 있거나 대남 접촉 관련 협의 목적일 것으로 짐작되었다. 11시 실무접촉때 개성공단 국정감사 보도에 대해 설명하도록 했다. 북측이 보도 내용에 대해 인지하고 있지는 않은 것으로 파악되었다.

오후 6시 뉴스를 보고 있는데[15] "김정은, 총공격 대기 지시"라는 자막이 크게 뜨는 것을 보고 순간 긴장하였다. 앵커는 태풍 "다나스" 소식을 전하다 말고 북한 뉴스를 전했다. 국정원이 국회 정보위원회에 북한 상황을 보고한 내용을 거두절미하고 붉은 글씨로 큰 자막을 띄운 것이었다. 놀란 가슴을 쓸어내렸다. 은하수 악단 처형, 북핵 내용도 있어서 북이 어떻게 나올지 걱정되었다. 다행히 일부 내용이 잘못 전달되었고 김관진 장관이 북 군사 동향에 특이 사항이 없다고 해서 상황은 많이 진정되는 듯했다. 8시 뉴스를 보니 이 뉴스가 뒤로 밀리는 것이 보여 숙소로 향했다.

---

15) 개성공단에는 스카이라이프를 통해 다양한 TV 채널을 시청할 수 있었다. 물론 남측 인원들만 볼 수 있지만 기업인들에 따르면 가끔 북측 인원들도 우리 TV를 같이 시청하곤 한다고 했다. 또 사무실에서 근무할 때에도 항상 TV를 틀어놓고 있었는데, 이는 북측의 도청 가능성을 우려했기 때문이었다. 나중에 확인한 결과, 북측도 도청 가능성을 우려하여 사무실에서 자기 측 TV를 크게 틀어놓고 있었다.

▶ 2013.10.11.(금)

어제 서울을 방문했기 때문에 오늘 금요일이지만 서울로 가지 않고 내일 토요일 10시에 가기로 했는데 결과적으로 잘한 결정이었다. 서울에서 분과위원회 개최 관련 북측의 의견을 계속 확인했기 때문이다. 3시에 두 부장이 모두 출경한 후에도 확인 작업은 계속 이어졌다. 그러다가 5시 20분에는 지난 9월 16일 제3차 공동위에서 10월 31일에 개최하기로 합의했던 투자설명회를 연기했으면 좋겠다는 의견을 통지해 달라고 했다. '이렇게 갑작스럽게?' 나는 서울의 결정에 내심 놀라지 않을 수 없었다. 대통령의 대북 감정이 읽혔다. '3통 문제도 진전이 없는데 이런 상황에서 투자설명회를 해야 하나요!'라고 하시지 않았을까 싶다.

대북 통지를 위해 북측 관계자들을 찾았으나 그들은 이미 사무실을 비운 상태였다. 사무처 운영시간은 9시~5시이기 때문에 북측 인원들이 퇴근한 것은 당연했으나 오늘까지 꼭 분과위원회 개최 여부에 대한 답을 달라고 요청한 상태이기 때문에 북이 사무실을 비운 것은 우리를 피한 것으로 해석되었다. 궁여지책으로 개성공단 관리위원회 협력부에 전화를 걸어 북측 사무처 직원을 연결시켜 달라고 했으나 답이 없었다. 할 수 없이 저녁 6시 50분경에 협력부에 다시 전화를 걸어 7시에 북측 숙소로 가겠다고 통보하고 우리 직원 2명이 자전거를 타고 거기에 갔다. 다행히 그들을 만날 수 있었고 투자설명회 연기 관련 문건을 전달할 수 있었다. 우리 연락관은 그 문건을 본 북측 연락관의 놀란 표정이 잊히지 않는다고 했다. 내가 놀랐으니 그들이 놀란 것은 어쩌면 당연하다 싶었다.

▶ 2013.10.13.(일)

서울에서 예배를 마치자마자 남북회담사무국으로 가서 장관님께 사무처 운영 관련 보고를 드렸다. 북측의 물품 지원 요구, 개성 현지 상황 및 대책을 보고드렸다. 장관님은 "남북 각자 부담 원칙을 너무 강조하지 말고 대북지원 용의는 있다고 밝히고 남북 상호 성의 있는 자세가 필요하다는 점을 강조하라"고 지시하셨다. 또한 현 사무처 직원 숙소는 보안 문제도 있고 북측의 보는 눈도 있으니 새 숙소로 속히 입주할 수 있도록 수리를 서두르라고 하셨다. 우리 사무처가 급하게 개성 현지에서 일하기 시작하다 보니, 숙소가 준비되지 않아서 임시로 아파트형 공장 안에 있는 우리 측 근로자 숙소를 빌려 사용하고 있었다. 우리는 남북경협협의사무소 직원들이 사용했던 숙소를 수리해서 사용한다는 계획을 가지고 있었다.

▶ 2013.10.14.(월)

3시에 입경했는데, 북측 D과장이 마중 나왔다. D과장과 이런 저런 이야기를 나누면서 그의 신상을 어느 정도 파악할 수 있었다. 그의 노모는 개성시에 계시는데, 주말에 한 번 뵙고 왔다고 했다. 그의 나이도 자연스럽게 추정할 수 있었다. 놀랍게도 그는 2007년 1월 개성 자남산 여관에서 개최된 남북 오찬간담회(이재정 통일부장관, 북측 주동찬 총국장 참석)에서 내가 사회를 보았던 사실을 기억하고 있었다. 갑자기 경계심이 많이 허물어지는 것이 느껴졌다. 대화를 업무로 돌려서, 윤 처장 근황을 물었더니 아직 평양에서 오지 않았다고 했다. 무슨 일 때문에 이렇게 평양 체류 기간이 길어지는 것일까? 그 후 연락관 접촉에서 북측은 분과위원회, 투자설명회 연기에 대한 답도 주지 않았다.

회의에 나오지 않는 윤 처장을 불러낼 수 있는 방안은 무엇일까?

북측 관심이 큰 사무실 배치 협의를 하자고 제안해 보는 것이다. 또한 사무실 비품 임대계약을 맺자고 제안하는 방안도 생각났다. 셋째는 방범 순찰제도를 제안해 보는 방안이다. 북측에게 어떤 이익이 있다고 설명할까? 공단 내 사건 사고를 막을 수 있다는 점, 공단의 안전성을 대내외에 홍보할 수 있다는 점 등을 설득력 있게 작성하여 북측에 제안해야겠다. 자료 작성을 박 부장에게 요청했다.

▶ 2013.10.15.(화)

북측이 10시 25분경에 연락관 접촉을 하자고 제안해 왔다. 접촉 결과 북측이 다행히도 투자설명회 연기에 동의한다는 문건을 공동위원장 명의로 보내왔다.

개성공단 발전방안을 고민하다가 내가 할 수 있고 해야 하는 정책목표가 하나 추가되었다.

방범순찰제도, 기술교육센터 가동과 함께 매주 월요일 오전이라도 자율통행을 실시하는 방안을 설득해 보는 것이다.

이런저런 생각을 하다가 내 건강이 살짝 걱정되었다. 얼마전 공단 시설을 둘러보다가 우리 측 주재원 건강관리를 담당하는 '개성공업지구 부속의원'에 들러서 혈압을 재 보았는데 140을 훌쩍 넘어 놀란 적이 있었다. 그때 젊은 의사가 한 말이 위로가 되었다. "놀라지 마세요. 이른바 '개성혈압'입니다. 누구든지 이곳에 와서 북한 사람들과 협의하다 보면 스트레스를 받아서 일정 기간 동안 혈압이 높아집니다. 1~2개월 정도 지나면 본래대로 되돌아올 겁니다."

하나님, 제 건강을 지켜주옵소서. 혼자 이것저것을 걱정하며 혈압을 올릴
것이 아니라 하나님께 모든 염려를 맡기고 믿음으로 나아가게 해 주옵소서.

▶ 2013.10.16.(수)

윤 처장이 돌아왔다고 했다. 북측이 사무처를 중시하도록 만드는 남북 공동 프로젝트를 계속 고민했다. 첫째, 제2 탁아소 건설이 있을 수 있다. 장소가 문제이다. 너무 선전적 요소로 접근하지 않으면 될 것이다.[16]

둘째, 북측 근로자 숙소 건설이다. 600억 원 거금이 투입되는 사업이기 때문에 딜(deal)을 잘해야 하는 사업이다.

셋째, 북측 종합진료소 지원 등 보건의료 개선 사업이다. 우리 측 주재원을 대상으로 하는 '개성공업지구 부속의원'과 별도로 북측 근로자를 대상으로 진료하는 북측 종합진료소를 지원하자는 것이다.[17] 그간 우리 측 그린닥터스, 일산백병원, 의정부성모병원 등이 북측 종합진료소를 지원해 왔는데 이제부터라도 우리 당국이 지원을 담당하여 북측 근로자들의 보건위생을 개선하자는 아이디어이다.

---

16) 북측 총국은 10월 18일 탁아소 장소를 양보하여 우리 측이 주장했던 대로 종합지원센터 인근 부지로 하자는데 동의해 왔다.
17) 하루에 100여 명의 북측 근로자들이 진료를 받는다고 들었다.

넷째, 버스회차장 건설, 봉동 통행검사소 전기공급방안이다.

2시 15분에 실무접촉을 했다. 우리 국회 외교통일위원회 위원들의 개성공단 방문계획에 대해 북측의 협조를 구했다.

▶ 2013.10.22.(화)

개성공단 내 사무처 직원 숙소 수리 예산을 확보하고, 아직 확정되지 않은 개성공단 공동위원회 사무처 직제에 대한 협조를 구하기 위해 기획재정부로 급히 갔다. 행정예산과장을 면담하여 숙소 보수 비용을 요청했는데 행정예산과장은 숙소 보수의 시급성에 대해 이해하지 못하겠다는 반응을 보였다. 재차 우리의 어려운 사정을 설명하며 줄기차게 요청하자 그는 담당 사무관과 이야기해서 실무적 방안을 검토해 보자고 했다. 이어서 공동위원회 사무처 조직 직제와 관련하여 담당 과장을 만났다. 나는 "우리 사무처는 예산도 얼마 안 쓴다. 민간 규제도 안 한다. 나에게 국장급 장수의 옷을 입혀주면 나의 입으로 북측과 협상해서 우리 기업 재산과 국민의 신변 안전을 지키겠다"고 담당과장을 설득했다.

이어 방문규 예산실장을 만나 다시 한번 직제에 대한 협조를 요청했다. 방 실장은 노무현 정부 시절 청와대에서 같이 근무한 인연이 있다. 방 실장은 "국감 후에 보자고 해서 두었는데 처리해야 하지 않겠나"라는 다소 긍정적으로 들리는 답변을 했다. 3시 반에 서울로 돌아와 기조실장께 상황을 브리핑하고 이어 4시 30분에 장관님께 준비해간 자료로 보고드렸다. 주요 내용은 개성공단 현지 상황, 한 입주기업 회장과의 면담 결과, 향후 대책 등이었다. 사무처가 발족함으로써 남북이 대면해서 협의할 수 있는 공간이 마련된 만큼 이를 전략적으로 활용할 수 있는 방안이 필요하다는 점을 강조하고 이러한 차원에서 기술교육센터 가동, 사회문화분과협의를 제3국 대신 개성에서 하는 방안 등을 제안드리고 이를 위한 경협협의사무소 활용방안도 보고했다.

▶ 2013.10.23.(수)

어제 북측이 사무처 부속합의서 관련 우리 측 안에 동의해 왔기 때문에 오늘 합의서 서명식을 가졌다. 개성공단 남북공동위원회 사무처 운영 및 관리에 관한 부속합의서이다. 내 이름이 박힌 최초의 남북합의서이다. 업무시간, 남북 간 정례회의 및 업무협의 계획, 남북 사무처 인원들의 통행·통신 방법, 업무협조체계 등이 주요 내용이다.[18] 북측이 우리의 지원을 바라고 합의에 적극 호응한 측면이 있다. 하여튼 이 합의서를 토대로 개성공단이 활력을 되찾을 수 있도록 지혜롭게 활용해야겠다는 생각이 들었다.

이와 관련 가칭 "벽란도 프로젝트"가 필요하다는 생각을 해 보았다. 핵심은 개성공단을 정세와 무관하게 운영하여 국제적 공단으로 만들어 가자는 것이다. 윤 처장도 9월 30일 상견례 때 국제적 공단을 언급한 것을 생각해 보면 북측도 그런 의지가 없는 것이 아니다. 이를 위해 남과 북 모두가 개성공단과 정세를 연관지어 이야기하지 않도록 해야 할 것이다. 예를 들어 투자설명회가 연기된 것은 3통 관련 회담이 열리지 않아서라고 해야지 그 이유를 북이 영변에 핵시설을 가동하는 동향

---

18) 부록 2 참조

때문에 그랬다고 언급하는 것은 자제해야 한다. 북에 대해서도 같은 논리로 이야기해서 그런 언급이 나오지 않도록 할 필요가 있다.

둘째 현 개성공단은 이산가족 상봉 무산[19] 이후 침체되어 있다. 외부의 우려는 여전하고 주문량이 줄어들어 개별기업들이 어려움을 겪고 있다. 분위기 반전을 위한 불쏘시개가 필요하다. 돈도 많이 안 들고 가장 손쉽게 할 수 있는 것이 기술교육센터 가동이다. 기술교육센터는 북측 근로자들에게 종합적, 체계적 기술교육이 필요하다는 점을 감안하여 2007년 11월에 준공되었으나, 아직 운영되지 않고 있다. 처음에는 북측의 과도한 강사 인건비 요구(1,000불, 나중에 500불로 합의되었다)가 문제였으나, 천안함 폭침, 개성공단 중단 등이 연이어 일어나면서 적절한 가동 시점을 찾지 못하다가 2013년 8월 개성공단 정상화 합의 이후 북측이 센터 운영을 조속히 시작하자는 공식 입장을 전달해 와서 전환점이 마련되는 듯했으나 이번에는 우리 정부의 입장이 강경하게 변했다. 북한의 개성공단 발전적 정상화 합의사항 이행 속도에 맞춰 센터 운영을 추진한다는 쪽으로 스탠스를 잡았던 것이다. 내 생각에는 지금이야말로 이 기조를 바꾸어 센터 가동을 위해 우리가 적극적으로 나서서 북측을 개성공단 정상화의 길로 끌어당길 필요가 있다고 본다.

북이 이에 호응한다면 제2 탁아소 건립도 패키지로 묶어서 개성공단을 활성화하되, 이를 레버리지로 해서 북측에 출입·체류 부속합의서 타결을 요구하는 방안을 검토할 수 있을 것이다. 개성공단의 출입체류에 관한 기존 제도로는 2004년 1월에 체결한 "개성공업지구와 금강산관광지구의 출입 및 체류에 관한 합의서"가 유일한데 그 이후 지금까지 실행 방향으로 한 발짝도 나아가지 못하고 있는 실정이다. 공단을 출입

---

19) 남북은 2013년 9월 25일부터 이산가족 상봉을 실시하기로 합의하였으나, 이산가족 상봉과 금강산 관광 재개를 위한 회담 개최 순서를 놓고 신경전을 벌이다가 결국 북측의 취소로 인해 이산가족 상봉이 무산되었다.

하는 우리 국민의 신변안전을 보호하기 위해서는 부속합의서를 체결하여 출입체류 공동위원회를 구성하는 것이 필수적이다. 출입체류 부속합의서가 체결되면 개성공단을 사회문화교류의 성지로 만들 수 있다. 그 과정에서 경협협의사무소를 재가동하는 방안도 강구할 수 있다. 도수터널 보수 완료도 추가 자금이 더 이상 들어가지 않는 사업이다.

고려 시대 벽란도에 아라비아 상인까지 드나들었듯이 개성공단이 출입제한이 사라진 가운데 남, 북, 세계인이 어우러지고 산업과 문물을 꽃피울 수 있는 공간이 되도록 해야 한다.

▶ 2013.10.24.(목)

북측은 9시 연락관 접촉에서 남측 국회의원 방문에 동의한다는 의사를 전해 왔다. 너무 기뻐 소리를 지를 뻔했다. 그간 윤 처장과 북측 연락관에게 남한의 정책결정체계에서 차지하는 국회의 위상을 설명하면서 특히 여야가 함께 입주기업의 애로사항을 듣고 가면 예산과 제도적 측면에서 개성공단 발전에 큰 도움을 주는 결과가 있을 것이라며 열심히 설득해 왔지만 북측의 답변이 늦어져 내심 초조했던 터였다. 즉시 본부와 관리위원회에 알리고 나서 가만 생각해 보니 이 일은 하나님의 도우심이 없었다면 불가능했을 것이라는 생각이 들었다. 북측이 이번 방문을 우리 국정감사의 일환으로 생각했다면 자신의 주권을 침해한다고 여겨 절대 동의하지 않았을 것이기 때문이다. 생각이 여기에 미치자 기도가 절로 나왔다.

하나님 아버지, 감사합니다. 개성공단이 이 땅의 긴장을 가시게 하고 화해
와 평화의 기운이 깃들게 하는 일에 앞으로도 더 귀하게 쓰임 받게 하소서

북한의 조치에 대해 여야 모두 환영의 뜻을 나타냈다. 알고 보니 오늘 9시에 북은 판문점을 통해 월북자 6명을 돌려보내는 조치도 동시에 취했다고 한다. 북의 핵 갱도 추가 발견 등 좋지 않은 소식 가운데 들려온 굿 뉴스가 아닐 수 없었다.

처장회의에서 윤을 칭찬해 주고 북송 시대 문장가 소식(蘇軾)의 춘강수난압선지(春江水暖鴨先知, 봄이 오면 강물이 따스해져 오리가 먼저 안다)라는 시구절을 소개해 주며 우리가 오리가 되어 현장을 정확하게 이해하고 상부에 올바로 보고하는 것이 중요함을 강조했다.

▶ 2013.10.25.(금)

오전에 J전자 법인장을 만나 면담했다. 그가 북한 근로자를 관리하는 노하우가 인상적이었다. 무슨 일이든지 일을 할 때에는 1회성으로 하지 않고 항상 합의를 맺는 방식으로 하여 제도화를 해 놓는 것을 중시한다고 한다. 또한 종업원 대표[20]의 생일 등 각종 소소한 일들을 챙

---

20) 개성공업지구 노동규정 제13조에 따르면 "기업은 종업원 대표와 협의하여… 로동규칙을 작성하고 실시할 수 있다"고 규정되어 있다. 즉 북한은 근로자들에 대한 총괄 관리 책임을 지는 자에 대해 종업원 대표라는 용어를 사용하는데 북한 근로자들은 '직장장'이라는 단어를 사용한다. 개성공단에는 이러한 직장장과는 별개로 '총무' 직책을 가진 자가 있는데 총무의 경우 통상적 사무업무를 처리하는 자라고 하기보다는 남북한 인원에 대한 통제를 목적으로 배치된 보위부, 보안성 출신의 인원으로 보인다. 개성공단 입주기업 내 최초 기업 배치 시 종업원 대표·총무는 일방적으로 배치되어 오는데 당 간부부를 통해 배치되는 것으로 알려져 있다. 일반 근로자는 인민위원회 노동과를 통해 배치되는 것으로 이해되는데, 이러한 북한 근로자들은 총국과 종업원 대표를 통해 전일적인 지시를 받는 위치에 놓여 있다. 이들은 기업에 제기하고 싶은 사안들이 발생할 경우 이를 직접 제기하기보다는 종업원 대표와 총무 등을 통하여 제기하였다. 박천조, 『개성공단 노사관계 연구』(북한대학원대학교 박사학위논문, 2014.7), pp.33-36.

기면서 관계를 잘 맺어나가기 위해 노력한다고 했다.

> "개성공단 초기에 어떤 기업에서 있었던 일인데. 남한 측 법인
> 장이 북한 근로자 중 아버지인가 어머니인가 부모님이 돌아가셨
> 다는 이야기를 듣게 된 거야. 그런데 그 공장 법인장이 북한에 대
> 해 이해하려고 하고 대화도 많이 하던 사람이었거든. 그래서 북한
> 측 직장장을 불러서 공장 뒤쪽 공터에 공장 건축하려고 자재 들여
> 온 것 중에 합판이 좀 있는데 그걸 가지고 가서 관을 짜서 장례를
> 치르게 하면 어떻겠냐고 이야기를 했어. 당시 북한 측 근로자들하
> 고 교감을 많이 하면서 사람이 죽으면 나무가 없어서 관을 못 짜
> 고 특히 부모님 돌아가셨을 때 불효자 된다는 이야기를 들어서 알
> 고 있었던 거지. 북한 측 직장장 그 자리에서 울고, 그 공장에 있
> 는 북한 직원이 다 울었다고 해. 이후에 그 공장에서 북한 근로자
> 들이 그랬다더만, '우리' 회사, '우리' 법인장 선생님이라고. 그 뒤
> 로 그 공장은 남북 관계가 완전히 달라졌다고 하더라고."
>
> ― 50대, 개성공업지구관리위원회 부장[21]

근로자 반납 시 퇴직금 걱정을 하는 기업들이 있는데 이와 관련해서
도 그는 나름의 노하우를 가지고 있었다. 퇴직금은 임금의 300%를 주
어야 하는데, 이는 부담스럽기 때문에 우선 휴직을 시키고 휴무수당으
로 60%를 준다. 그렇게 하면 휴직 중간에 자원하여 퇴직 의사를 철회
하는 사람이 있기 때문에 비용을 줄일 수 있다는 것이다.

---

21) 홍승표, 『남북한 대립체제에서 사이공간의 탄생과 진화 -개성공단을 사례로-』(서울대학
교 대학원 지리학과 박사학위논문, 2022년 8월), p.175.

▶ 2013.10.26.(토)

　개성공단을 다시 한번 도약시키기 위해서는 무엇부터 해야 할까 생각해 본다. 무엇보다도 일일 단위 통행을 시행하는 것이 시급하다. 이는 개성공단의 숙원사업 중의 하나로서 2008년 2월에 한시적으로 시행한 적이 있으나 그 뒤로 다시 중단되었고 지난 9월 개성공단 정상화 합의때 전자출입체계(RFID)를 통한 일일 단위 상시통행에 합의하여 시행을 추진하고 있는 과제이다.[22] 또한 북측 통행검사소와 개성공단 구간을 운행할 때 북측 안내참사의 선도를 받게 하는 절차, 개성공단을 출입하는 모든 차량에 번호판 가리개와 황색 깃발[23]을 달게 하는 사항도 개성공단 출입절차를 원활하게 하기 위해 반드시 없애야 한다.

　둘째는 개성공단에 글로벌 스탠다드의 적용이 필요하다고 본다. 핵 문제가 해결되기 전에는 개성공단에 서방 자본이 투입되기 어렵다고 한다면, 개성공단 국제화의 우선순위를 해외 기업 유치에 둘 것이 아니라 3통과 출입체류 등 글로벌 스탠다드의 적용으로 옮겨야 한다고 본다. 3통과 출입체류는 우리 측과 북측이 함께 결단해야 할 사안이다. 우리 측의 결단은 통행 관련 RFID 시설을 북측에 제공해 줄 것이냐, 통신 인터넷을 위해 인터넷 망을 개성전화국을 경유해서 깔 것이냐, 통관 관련 X-Ray 투시기를 북측에 줄 수 있느냐 하는 것이다.

　북측은 통행 관련 남측 인원의 신변안전 관련 자기 측의 사법형사권을 포기할 수 있느냐, 출입사업부의 전횡을 스스로 제어할 수 있느냐, 통신 관련 남측의 보안대책을 수용할 수 있느냐 하는 것을 결단해야

---

22)　그러나 북측은 한미군사훈련, 출입질서 준수 등의 이유를 들어 끝까지 일일 단위 상시통행을 시행하지 않았다. 후술하겠지만 2014.3.1.부터 RFID를 통한 인원 및 차량심사를 시범 운영하는 등 일일 단위 상시통행을 위한 기술적 여건은 조성했지만 상시 통행까지 나아가지는 못했다.
23)　황색 깃발은 국제법상 '비무장한 민간인'을 표시한다고 한다.

한다.

우선 분과위원회를 제안해 놓은 만큼 분과위원회를 열어 북측의 입장을 최종 확인한 다음 우리가 해야 할 결단 사항을 정리한 바탕 위에서 공동위원회를 통해 북한의 상응한 결단을 요구하여 타결시켜야 한다.

우리와 마찬가지로 북한도 우리 정부의 개성공단 지속 및 발전 방향에 의구심을 가지고 있을 것이다. 북측의 결단 분위기를 조성하기 위해 탁아소 건축을 선제적으로 추진할 필요가 있다. 탁아소는 현재 600명의 아기들을 보호하고 있으나 늘어나는 탁아 수요를 모두 충족시키지 못하고 있으며, 제2 탁아소 건립이 필요한 실정이다. 10월 21일 총국 담당 참사는 "공식 입장"이라며 남측이 긍정적일 경우 총국의 승인 문건을 전달할 수 있다는 입장을 전달해 왔다. 그간 북한은 탁아소 위치 문제로 우리와 갈등을 빚어 왔으나 이번에 우리가 제안한 지원센타 앞 부지를 수용하겠다는 입장을 보인 것에 주목할 필요가 있다.

인터넷과 관련해서도 우리가 대범한 결단을 해도 될 것이라고 본다. 조건은 북한이 우리의 VPN 장비 설치 등 보안대책에 상관하지 않아야 하는데, 여기에 대해서는 북한도 구두로 약속한 바 있다. 북한이 D-Dos 공격을 할 수 있으나 북한이 IP address가 드러나는 어리석은 짓을 할 가능성이 높지 않다는 점을 고려할 필요가 있고 북한이 그런 공격을 할 경우에는 통신선을 끊어버리면 될 것이다.

인터넷 망을 깔 때 개성전화국을 경유하는 문제에 대해서는 북한이 통신주권을 내세우고 있는 데다 이미 전화도 북한 개성전화국을 경유하고 있는 점을 고려해서 우리 측이 전향적으로 검토했으면 한다.

개성공단 통행절차는 점차 개선되고 있었으나 여전히 불편하였다. 개성공단에 출입하는 인원은 남과 북에서 발행하는 관련 증명서를 발급받아야 한다. 우선 우리 측 통일부로부터 방문증명서

를 발급받고 방북승인을 받아야 한다. 7일이 소요된다. 또한 북측 출입국사업부에서 출입증(7일 소요) 또는 체류·거주등록증을 발급 (14일 소요)받아야 한다. 그다음 출입일 3일 전 원하는 출입일시에 맞춰 출입통행계획을 작성해야 하는데 이 계획은 2가지 경로를 거쳐 북측으로 전달된다. 첫째로 출입계획은 관리위원회를 통해 북측 출입국사업부에 전달되는 경로이다. 북측 출입국사업부는 출입 1일 전에 출입동의여부를 관리위원회에 통보하는데 가끔 출입을 불허하는 경우도 있었다. 둘째로 통행계획은 우리 측 군을 통하여 출입 1일 전에 북측 군부로 전달되어 출입 당일 08:00에 최종 통행이 동의되어 온다. 이처럼 출입계획과 통행계획에 따라 북측의 동의를 받은 인원만이 개성공단 출입이 가능한 것이다.

통행시간은 하절기(4월~9월)에는 23회, 동절기(10월~3월)에는 21회로 제한되었는데, 이마저 남북관계 상황에 따라 실시 못한 해가 많았다. 출입인원은 출입일시를 반드시 지켜야 한다. 해당 출입일시가 준수되지 않은 경우 공단을 방문하지 못하거나 불가피한 경우 벌금을 납부하고 방문하였으나 2012년 8월부터 남북 측 출입실무기관간 협의를 통한 지연입경(남→북) 제도가 신설되어 일부 개선이 이루어졌다. 단 당일에 이루어지지 못한 출입계획은 무효가 된다. 특이한 것은 개성공단으로 출입하는 차량의 경우 우리 측 출입사무소에서 번호판을 가리고 황색 깃발을 부착하여야 하며, 군사분계선을 경계로 남북측 군 차량의 안내를 받아야 한다. 제일 불편한 것 중의 하나는 북측 통행검사소와 개성공단 구간에도 북측의 안내 없이 단독으로 통행할 수 없다는 점이다.[24]

---

24) 개성공업지구지원재단, 『개성공단 관리·운영 백서〔2003년~2015년〕』(2018.4.26), pp.229-232.

국회의원 개성공단 방문 관련 우리 방송에서는 이를 크게 보도하고 있었다. 특히 10월 24일 9시에 우리 국회의원 방북 동의와 함께 월북한 우리 국민 6명을 인도적 차원에서 돌려보내겠다는 통지가 동시에 온 점이 우리 언론에 어필한 것 같았다. 문제는 조명철 의원이었다. 방송을 보니 탈북자 출신인 조의원을 북한이 받아들일지가 관심이라며 이를 부각시키고 있어 내심 불안했다. '가만히 묻어갔으면 좋으련만…'

10월 26일 토요일 아침 서울로 나올 때 북측 통행검사소에서 배웅나온 북측 과장에게 ① 통보한 인원 관련 의견이 있는지? ② 분과위는 어떻게 생각하는지? 물어보았다. 그는 "별 의견이 있겠느냐"고 하면서 국회의원들이 올 때 악수를 나누며 인사하는 것이 어떻겠느냐는 제안에 흔쾌히 동의해 왔다. 분과위와 관련해서는 "3통 분과위는 군인들이 하기 때문에 솔직히 대답이 없어서 조만간 개최될 수 있을지 모르겠다"고 대답했고 출입체류 분과위는 개인적 의견으로 국회의원 방문 이후 개최될 수 있지 않겠느냐는 의견을 피력했다.

그렇게 좋은 이야기를 듣고 MDL을 넘어 서울로 왔는데 11시37분경 개성에서 국제전화가 왔다. 북측과 연락관 접촉을 했는데 북측 연락관이 조 의원은 "우리 지역인 공업지구를 철저히 방문할 수 없으므로 그만두도록 하라"고 구두로 통지해 왔다는 것이다.

이러한 북한의 통지에 대해 우리 국회가 어떤 반응을 보일까? 만약 새누리당에서 집단적으로 방북을 포기한다면 이번 방북은 추진되지 않았던 것보다 못한 결과를 초래할 터였다. 하나님께 기도를 올리지 않을 수 없었다. 그 과정에서 먼저 개성공단 방문과는 별개로 사무처 직제와 관련 하나님이 내게 주신 은혜에 대해 감사가 부족했던 사실이 떠올라 회개부터 했다. 공동위 사무처장 직위를 고위공무원으로 하는 내용을 포함한 사무처 직제에 대해 기재부가 마침내 동의하여 성사가 되었는데, 특히 내가 기재부를 방문한 직후 직제 협의에 급진전이 있어 성사에 이르고 보니 하나님보다 은근히 내 공로를 앞세우고 있었던 것이다. 그러나 기재부 방문 시 담당 과장, 예산실장까지 만날 수 있었던 것, 또 기재부 국장과는 문자로 협의할 수 있었던 것은 내 능력과는 무관한 것이었다. 하나님이 도와주셨기 때문에 가능했던 일이었다.

　　하나님, 조금만 방심하면 제 자신을 높이는 못된 습성에 빠져드는 저를 용서하여 주옵소서. 이번 국회의원 개성공단 방문도 차질 없이 이루어질 수 있도록 은혜를 베풀어 주옵소서. 이 방문이 무산되지 않도록 도와주옵소서.

　10월 27일 서울 집에서 인터넷으로 뉴스를 보다가, 국회 외통위가 북한의 조명철 의원 방문 거부 조치와 무관하게 개성공단을 방문하는 계획을 그대로 추진한다는 사실을 확인할 수 있었다. 안도하면서 다시 하나님께 감사 기도를 올렸다.

　10월 28일 개성으로 돌아와 오후 4시에 연락관 접촉을 했다. 우리 연락관이 북측의 조의원 방문 거절 관련 유감을 표명했는데 여기에 대해 북측이 강하게 반발했다. 유감 표명을 취소하지 않으면 30일로 예견된 국회의원 개성공단 방문을 "고려"하겠다고 협박했다. 어떡할 것인가? 원칙은 ① 유감 표명을 취소할 수도 없고 비굴해서도 안 된다. ② 상황을 악화시킬 필요가 없다. 북한에 우리의 의견을 전달했으니 우리의 목표는 달성한 셈이다. 북한의 단세포적 반응을 어떻게 무마할 것이냐만 남았다.

　바로 반응하기보다 일단 시간을 끄는 것이 어떨까? 내일 연락관 접촉

때 북한의 반응을 다시 한번 살피는 것이 좋을 것 같다. 북 고위급의 결정인지 여부를 확인하고 대처해야 할 것이다. 그리고 젊잖게 내가 나가서 이렇게 말하면 어떨까?

'우리는 우리 당국의 입장을 전달했다. 북측도 북측 상부의 입장을 충분히 전했다. 장군 멍군했으니 여기서 상황 악화를 막는 것이 지혜로운 방안이라고 생각한다. 일을 그르치는 것은 쉬우나 복원하는 것은 100배 어렵다. 자중자애해야 한다. 우리 기업들이 얼마나 어려운지 알지 않는가. 우리 남과 북의 사무처가 각자 자기 측 상부에 개성공단 발전적 정상화를 위해 자중자애하자고 건의하자. 이것으로 공방을 마무리하자. 귀측도 불편하겠지만 우리도 귀측의 반응에 가슴이 아프다.'

▶ 2013.10.29.(화)

아침에 사무실로 출근하니 어젯밤 서울에서 별도의 지침이 있기 전에는 연락관 접촉을 미루라는 지시가 왔다고 했다. 순간, 이대로 놔두다가는 상황이 더 악화될 것 같다는 생각이 들었다. 급히 건의문을 작성해서 본부로 보냈다. 요지는 '북측의 진의가 불명확하니 일단 연락관 접촉을 통해 북측의 태도를 관찰한 후에 대처해도 늦지 않겠다. 일단 사무처 차원에서 수습을 시도해 보겠다'

서울로부터 O.K. 사인을 받고 우리 연락관들이 회의실에 갔는데 북에서 전화로 '연락관 접촉 않겠다'고 연락이 왔다. '전달할 내용이 있다'고 해도 안 하겠다고 하며 전화를 끊었다. 우리가 또 강경 대응을 할까봐 의도적으로 접촉을 피하는 것일까.

그런데 갑자기 10시 20분경에 북측이 연락을 해서 10시 40분에 처장 회의를 하자고 했다. 회의장에 가기 전에 하나님께 기도드렸다.

하나님 제가 하나님의 처장으로서 회의에 갑니다. 하나님 저에게 용기
와 담대함, 지혜를 허락하여 주옵소서. 필요할 때에는 저에게 피할 길을
주시고, 끝까지 저와 함께하여 주옵소서

윤 처장이 회의실로 들어왔다. 평양의 날씨는 어떤지 물어보았다. "똑같아요"하는 윤 처장의 퉁명스러운 답변에 날이 선 것을 느낄 수 있었다. 내가 먼저 발언했다. "북측이 국회의원들의 개성 방문에 동의한 것은 무엇 때문인가? 입주기업들의 애로를 국회의원들이 잘 수렴해서 이를 해소시킬 기회를 주기 위함이 아닌가, 이 당초 취지를 잘 살릴 수 있도록 남북 사무처가 협조해야 한다. 더 이상 상황이 악화되지 않도록 해야 한다. 자중자애할 시점이다"라고 강조했다. 북측도 이에 동의하면서 조의원을 포함시킨 것에 대해 다시 문제 제기했다. 내가 "그만하자"고 제지하여 그럭저럭 우호적 분위기 속에서 접촉을 종료했다.

사무실로 돌아와 회의 결과를 생각하며 하나님께 감사의 기도를 올렸다. 하나님의 도우심에 눈시울이 뜨거워졌다. 북측에 의원 방문의 취지를 당당하게 설명할 때 하나님께서 나와 함께 하심을 느낄 수 있었다.

하나님은 나와 동행하신다. 할렐루야!

날씨가 너무 맑았다. 다행이다. 오늘 국회의원 방문 행사가 잘 될 것 같은 예감이 들었다. 그 예감이 9시 15분 영접을 나갈 때 잠시 흔들렸다. 북측 원용희 협력부장이 환영 플래카드를 떼 달라고 했다. 플래카드에 개성공업지구를 개성공단으로 표기하는 등 북측과의 협의가 미비했다는 것이 이유였다. 조명철 의원 방문 무산 관련 유감 표명, 이번 외통위원 방문이 국정감사의 일환이라는 보도 등으로 마음이 불편한 것 같았다.

보고회가 시작되었다. 홍양호 위원장 다음에 내가 나가서, "개성공단 남북공동위원회 사무처장 이주태입니다"라며 보고를 시작하는데 새벽에 기도드린 대로 내가 바라던 중저음이 내 목에서 흘러나왔다. 어찌나 감사한지… 약간 떨렸지만 보고는 차질 없이 진행되었다. 사무처가 남북 당국협력의 매파, 남북 공동운영의 산파, 남북관계를 살리는 허파, 공단 체류인원의 소파, 4파가 되겠다는 포부를 밝혔다.

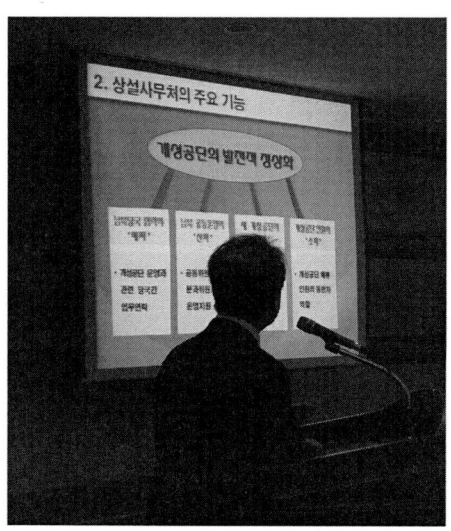

필자가 사무처의 기능을 4파로 설명하는 모습

보고가 끝나고 공단 참관을 위해 이동하는 과정에서 박병석 부의장, 심재권 의원 등 민주당 의원들이 "4파(매파, 산파, 허파, 소파)가 인상 깊었다. 보고 잘했다"고 덕담을 해주었다. 황부기 실장, 이창열 과장도 칭찬을 했으며 차관님도 "4파는 누구 아이디어냐… 뭔가 하나는 나올 줄 알았다"며 웃었다.

필자가 국회의원 방문단을 사무처로 안내하는 모습

　오찬 간담회에서 기업인들의 요구가 봇물처럼 나왔으나 예상을 벗어난 것은 없었으며 경협보험금 상환 유예, 피해보상 등에 집중되었다. 법인장 중 한 분인 라상진 장로가 북측 근로자들에게 필수 의약품 지원과 함께 건강검진을 해주면 많은 생명을 구할 수 있다는 발언을 했는데, 많은 의원들의 호응을 얻었다.

　당 전문위원, 의원 보좌진들과 친분을 트고 야당 의원들에게도 일일이 인사를 드리며, 예산 등 많은 지원을 부탁드렸다. 앞으로 국회의 협조를 원활히 받을 수 있으면 좋겠는데….

이번 행사를 통해 국감 과정에서 대북 인도적 지원, 탁아소, 기숙사 건축 등에 관심이 모아져 개성공단 발전의 계기가 되기를 바라마지 않는다. 개성공단이 떠들썩해진 느낌이다.

▶ 2013.10.31.(목)

개성공단 입주기업인 ㈜신원 법인장과 오찬을 했다. 신원은 근로자 복지가 풍성하고 남측 주재원들이 출근하는 북측 근로자들에게 아침마다 정문에서 인사를 하는 회사로 유명하다. 황우승 법인장을 통해 북측 근로자 실태, 특히 병원 및 의료 실태에 대해 파악할 수 있었다. 신원은 북측 전임의사가 있고 3개의 침상을 구비하고 있다고 했다. 문제는 북한에 약이 없고 기술이 부족하여 문제가 생기면 신체 부위 절단부터 생각한다고 하면서 안타까운 표정을 지었다.

오후에 처장회의를 했다. 어제 국회 방문행사를 정리평가하고 11월 계획 일정을 밝혔다. 분과위원회, RFID 공사 일정, 사무실 공사, 기업 방문계획 등을 고지했다. 북측은 어제 국회 행사에 대해 여러 가지 불만을 길게 늘어놓았다.

분과위 개최 일정은 "인차" 주겠다고 했다. 북측 A과장이 우리 기업들이 관리위원회 사무실로 오는 것을 꺼린다고 하면서 이들의 부담을 들어주자고 했다. 잘됐다 싶어서 남북 사무처장이 같이 기업을 방문해서 애로사항을 들으면 좋지 않겠느냐고 제의했다. 윤 처장은 그걸 이제 생각했느냐며 호들갑을 떨었으나 당황한 듯했다. 북측 A과장이 분위기 파악을 못 하고 내뱉은 말을 급수습한 것처럼 보였다.

▶ 2013.11.4.(월)

주말에 가장 특기할 만한 일은 대통령의 정상회담 언급이었다. 11.2 뉴스에 나왔는데, 쉽게 말하면 남북정상회담의 문을 열어 놓겠다는 것이었다. 물론 북한이 약속을 잘 안 지켜 믿을 수 없다는 사족을 덧붙였다. 그리고 정상회담이 개최되려면 북측의 진정성이 중요함을 강조했다. 대통령의 이 언급이 남북관계에 미칠 영향이 자못 궁금하다. 좁게는 이 개성공단에 어떤 영향을 미칠까 기대 반 우려 반 속에 주말을 보냈다.

▶ 2013.11.5.(화)

개성공단 입주기업인 국제실크유통이 경영난을 견디다 못해 공단에서 철수를 결정했다는 소식이 일부 언론에 보도되었다. 남북관계의 불확실성 탓에 바이어의 신뢰 회복이 쉽지 않다는 것이다.
개성공단이 살아나려면 경제외적 요인들의 부정적 영향을 최소화해야 한다. 기술교육센터 가동 등 우리 정부의 전향적 태도 전환이 있어야 하는데 아쉽다.

▶ 2013.11.6.(수)

시편을 읽었다. 다윗이 사울의 추격, 아들 압살롬과의 전쟁, 수많은 고난 속에서도 여호와께 부르짖고 여호와를 의지하면서 여호와를 송

축한 찬송이었다.

오 하나님이여. 저도 주님께 부르짖습니다. 주님, 위태위태한 이 협력의
공간을 붙들어 주소서! 이 개성공단을 축복하소서! 이곳에 평화가 깃들게
하소서! 남북 당국자 모두가 언행을 신중히 하도록 그들의 마음속에 이
공간을 사랑하는 마음을 심어주소서!

어제 통진당 해산 청구가 국무회의에서 의결되었다. 좌우대립이 심해
질 것이다. 이 환경변화가 남북관계에 어떤 영향을 미칠 것인가?

현 단계에서 그릴 수 있는 개성공단 로드맵을 생각해 보았다. 첫째
단계는 부진기업의 정상화이다. 가동 중단 이후 주문량을 확보하지 못
해 어려움을 겪고 있는 기업들이 3월(가동 중단) 이전 수준으로 경영 여
건을 회복하는 것이 중요하다. 이를 위해 장관님이 대기업 사장들을
만나서 개성공단 입주기업들의 생산품 구매에 대한 협조를 요청하면
좋을 것 같았다.

둘째 단계는 일일 단위 상시 통행이 실현되는 단계이다. 3통 가운데
가장 시급한 과제이다. 북한에 3통 및 출입체류 분과위원회 개최를 요
구하고 남북이 주고받는 협상을 벌여야 한다.

셋째 단계는 개성공단 북측 근로자를 위한 기숙사 건설을 통해 개성
이외 지역으로부터 노동력을 추가 확보하여 1단계 개성공단을 활성화
하는 것이다.

▶ 2013.11.7.(목)

오늘 처장회의에서 나는 수능을 소재로 환담을 시작했다. 북에도 대입이 있느냐? 있다는 답변이 돌아왔다. 모두 한날한시에 본다는 것이다. 모든 게 우리와 똑같았다. 다만 개학이 4월이라 시험을 2월에 보는 것이 차이였다. 화제의 초점을 교육에 맞추어 기술교육센터 개원을 언급했다. 그랬더니 "총국과 관리위원회가 잘 협의하겠죠, 뭐"라는 답변만 들었다.

분과위원회 일정 관련 답이 없음을 확인했다. 이어서 개성공단 관련 중요한 것과 실현가능한 것을 구분했을 때 가장 중요한 것이 무엇이냐고 물어보았다. "잘 알면서 뭘"하고 얼버무렸다. 이는 북한 사람들이 답변이 궁할 때 하는 상투적 대답이다. 나는 공단 철수를 결정한 국제실크유통 관계자의 언급을 인용하며 우리로서는 3통이 가장 중요하면서도 실현가능한 과제로 간주하고 있다고 말했다. 윤 처장은 기업들이 철수 이유로 3통을 드는 것은 거짓이라고 길게 이야기했다. 진짜 원인이 중요하다고 하면서 그것이 뭔지 알아보았느냐고 되받아쳤다. 나는 개성공단에서 이윤을 거둘 수 없다고 판단했기 때문이라고 말하면서 그렇게 판단한 것은 개성공단이 가지고 있는 강점과 약점, 위험요인과 기회요인 가운데 약점과 위험요인이 강점과 기회요인보다 크다고 생각했기 때문이며, 개성공단의 약점과 위험요인 중 가장 중요한 것은 3통이라고 정리했다.

윤 처장은 3통 이야기만 들으면 약이 오른다고 했다. 나는 그의 발언에 상관하지 않고 내 주장을 계속 펼쳐갔다. 우리가 할 일은 개성공단의 강점과 기회요인을 최대한 부각시키고 약점과 위험요인은 최소화시켜 나가는 것이며, 이러한 차원에서 3통 등 합의사항을 이행하는 것이 중요함을 재강조했다.

이에 윤 처장은 3통보다도 5.24조치가 해제되는 것이 필요하다고 전선을 확대했다. 우리 정부의 입장을 이야기하지 않을 수 없었다. "여건이 되면 5.24 조치도 해제할 수 있다. 여건이 뭔지는 알지 않느냐, 북측의 책임 있는 조치가 필요하다."

윤 처장은 이어 우리 대통령이 "북의 수뇌부를 만날 용의가 있다고 하고서는 수정하고 뒤집어엎었다"면서 정치문제를 발언하려 했다. 나는 "남북 합의서를 보아라, 어떠한 경우에도 정세의 영향을 받음이 없이 개성공단을 정상적으로 운영한다고 되어 있지 않느냐. 외부 정세 문제는 이 자리에서 논의할 의제가 아니다"라고 제지했다. 윤 처장은 이어 연락관에게로 화살을 돌려 무전기 채널을 제대로 확보해주지 않았다는 불평을 쏟아냈다. 실무자끼리 이야기하도록 하자고 하며 회의를 마쳤다.

▶ 2013.11.11.(월)

지난 8일(금), 2시에 북측이 연락을 해와서 2시 반에 처장회의를 하자고 했다. 무슨 안건일까? 여러 가지 시나리오를 생각해 보았다. ① 얼마 전에 북측으로부터 부과받은 우리 사무처 차량 벌금 문제 ② 우리 내부 정상회담 논의 관련 비난전 ③ 분과위원회 일정 통보, 어느 것일까?

결과는 3번이었다. 다음 주 수요일에 투자보호, 경쟁력 분과위원회, 목요일에 출입분과위원회 일정으로 분과위원회를 열겠다는 구두 통보였다. 나는 "고맙다"는 말을 하고 싶었으나 꾹 참고 "성과적 결실을 거두기 위해 노력하자"고 침착하게 대답했다.

3시 반 입경을 위해 나오면서 '내가 오버했나'라는 생각이 들었다. 공동위원장이 아닌 사무처장으로서 내가 했어야 할 말은 "위에 보고하겠다. 결과를 알려주겠다" 이게 정답 같았다.

11월 11일에는 청와대에서 근무하고 있는 선배와 오찬을 함께 했다. 그 선배는 청와대 등 관계기관에서 사무처 활동을 눈여겨보는 사람들이 많다는 점을 일깨워 주고, 언제 한번 수석님이나 비서관에게 사무처 활동에 대한 종합 보고를 드리는 것을 고려해 보자고 했다. 이어 북측의 유혹이 있을 수 있는 만큼 직원들이 짝을 이루어 다니는 것이 좋겠다는 점 등을 조언해 주었다.

▶ 2013.11.12.(화)

내일부터 분과위원회이다. 분과위원회 대표들에게 내가 해줄 수 있는 말이 무엇일까,

① 북측이 5.24 조치 해제 등 빅이슈를 제기할 수 있으나 그런 주장에 휘말리지 말고 실무적으로 운영할 것 ② 서두르지 말 것 ③ 발전적 정상화를 위한 대안들을 제시하고 협의할 것으로 정리해 보았다.

청와대 선배의 조언대로 11월 말쯤에 청와대에 종합보고를 하면 좋겠다는 생각이 들었다. 개성공단 재가동 2개월 전후해서 하면 시의적절할 것 같은데, 현 개성공단 상황평가의 판단기준을 무엇으로 할까 궁리해 보았다.

첫째, 북한은 남북 간 합의를 어느 정도 이행하고 있는가? 그것은 3통, 출입체류, 개성공단 국제화 3가지가 핵심 기준이 될 것이다. 둘째 개성공단이 잠정 중단되기 이전인 3월과 비교해서 지금 달라진 것은

무엇인가? 북한의 일방적 운영방식이 바뀌었는가? 를 짚어야 할 것이다. 셋째, 향후 개성공단 발전을 위한 고려사항은 무엇인가? 하는 것이다. 대규모 투자가 어려운 정세 여건을 감안했을 때 소규모 예산으로 개성공단의 동력을 살릴 수 있는 사업을 찾는 것이 중요하다는 생각이 들었다. 특히 북측이 호응할 수 있는 사업이면서 북측의 의지가 있는 사업을 발굴하는 것이 중요하리라.

이와 함께 입주기업들을 우리 편으로 만들어야 한다는 점을 건의드리고 싶다. 5.24 조치 이후 정부에 불만을 가진 입주 기업들이 적지 않은 점을 고려하여 그들이 현 상황과 정부 입장을 이해하고 적어도 중립 내지 소극적 반대 선에서 머무르도록 설득해야 개성공단의 질서 있는 운영이 가능하기 때문이다. 나아가 청와대 보고받으시는 분에게 개성공단 사업만큼은 핵 문제 및 정세와의 연계를 완화하자고 건의드리면 어떻게 반응하실까?

▶ 2013.11.13.(수)

분과위원회 회의가 열렸다. 북측은 투자보호 및 관리운영분과위원회에서 나의 예상과 달리 꽤 실무적으로 나왔다. 체불임금 문제를 해결하기 위한 담보제도를 제기했다. 이어 회계제도의 투명성 강화를 언급했다. 북측은 임금 담보제도를 지속 논의할 심산으로 '이 의제를 지속 논의하기로 하였다'는 구두 공동발표문을 만들자고 제안해 왔다. 우리 측은 임금 담보제도가 기업들에게 부담을 주는 문제가 될 수 있다는 입장을 견지하였다. 결국 각자 편리한 대로 하기로 합의하였다. 그리고 남북은 지난 공동위원회 2차 회의(9.11)에서 합의한 개성공단 상사중재위원회 구성과 관련해 앞으로 6개월 안에 중재인 명부를 교환하기로 의견을 모았다.

오후에 열린 국제경쟁력 분과위원회가 문제였다. 북측은 5.24 조치와 전략물자 반출 문제를 집요하게 제기했다. 북측은 오전 회의에서 우리가 3통 문제를 제기하고 오후에서도 이 문제를 거론할 것으로 보고 작심하고 대응에 나선 것으로 보인다.

평양으로 음성중계를 하는 점을 감안할 때 북측 대표는 3통 문제 공세에 대한 우리 측의 예봉을 꺾고 우리 측 대표를 혼내줄 요량으로 집요하게 물고 늘어졌다.

우리 측 대표가 '북측이 제기한 문제는 우리 분과위원회 협의 범위를 넘어섰다'고 해도 북측 대표는 '이 두 문제(5.24 조치와 전략물자 반출 문제)가 국제경쟁력 강화에 도움이 되느냐 도움이 되지 않느냐, 필요한가, 필요하지 않은가? Yes or No의 대답을 요구'했다.

우리 측 회담지원단에서 쪽지를 넣어 정회를 요구했다. '판단할 수 없다. 회담을 지속할 의지가 없는 것으로 보아도 되느냐' 이렇게 대응하라고 했다. 본부에 청훈하자고 해서 그렇게 하자고 동의했다. 2시간 후에 답이 왔다. 5.24는 천안함 폭침에 대한 북측의 납득할 만한 조치가 필요하다는 점을 밝히라는 것이었다. 전략물자 반출제도는 핵 관련 국제적 조치임을 설명하라는 것이었다.

2차 회의가 속개되었다. 북측이 먼저 분위기 전환을 시도했다. 북측 대표의 마이크 소리가 약하게 들렸다. 평양을 덜 의식한다는 점을 말하는 것이었다. 우리가 북핵 문제를 포함한 대응문을 읽을 때 북측 대표가 "지금 조미회담을 하자는 것이냐"고 반발했지만 그 강도가 세지는 않았다.

우리 측의 실무적 질문과 설명이 이어졌고 회의는 원만하게 마무리되었다. 그러나 합의는 도출하지 못했다. 나로서는 적절한 정회 요령의 습득과 판단, 본부 청훈을 활용하는 방법, 그리고 회담 운영은 침착하게 하며 서두르지 않는 것이 중요함도 배우고 경험했다.

우리 측 대표단이 서울로 복귀할 때 북측 위원장 2명이 배웅을 나왔다. 의외였다.

▶ 2013.11.14.(목)

오전 출입체류분과위원회는 싱겁게 끝났다. 북측의 공세는 없었다. 그러나 북측은 우리 측이 내민 출입체류 부속합의서안을 보더니, 신변보장, 법률조력권 보장 등 우리 측 입장에 변동이 없음을 확인하고는 회의 시작 20여 분만에 정회를 제안했다.

어차피 이것은 장기전이다. 오후에 몇 가지 북측 입장을 타진한 후 끝내야 할 것이다.

남북회의를 하다 보면 우리가 의지할 수 있는 자산, 공통의 언어는 둘밖에 없다는 점을 느꼈다.

첫째는 합의서이다. 공방을 서로 주고받다가도 본 궤도로 돌아올 수 있는 것은 정상화 합의서와 같은 남북 간 합의서가 있기 때문이다. 분위기가 험악해질 때마다 '개성공단은 정세에 관계 없이 정상적 운영을 하자'고 합의하지 않았느냐 이렇게 대응하면 한결 나아지곤 했다.

둘째는 입주기업 애로를 해소시켜 주어야 한다는 명분이다. 북측도 외견상으로는 여기에 공감하고 있고 오히려 자기측이 더 기업들을 고려한다고 주장할 정도이다. 국회의원 방문도 이러한 명분 아래 북측이 동의를 한 것이고 분과위에 나온 것도 이러한 배경 아래여서였다. 북측도 기업방문을 자주 하는 것은 사실이다.

월요일에 예정되어 있는 기자간담회 일정이 떠올라서 생각을 정리해 보았다. 우리 사무처의 공식적 기능과 탄생 배경을 잘 설명해야 할 것이다. 사무처는 개성공단의 발전적 정상화를 위한 남북 간 합의의 산물이라는 점을 뼈대로 해서 살을 붙여 나가는 것이 필요하다. 사무처 활동 실적도 설명해야 한다. 국회의원 방문 때 사용한 4파를 중심으로 설명하는 것도 한 방법일 것이다. 공개할 수 있는 재미있는 에피소드가 하나만 있어도 좋겠는데… 인차란 말은 '곧'이라는 북한말이다. 우리 측이 10월 중순에 분과위를 개최하자는 제의에 대해 북은 10월 말에 이르러 '인차' 답을 주겠다고 했다. 그러나 그 답은 11월 8일에야 왔다. 인차라고 한지 약 10여일만에 왔던 것이다. 사무처에서 북측이 인차라는 말을 썼을 때 우리는 약 10일 내외를 예상한다, 이렇게 말하면 재미있을까?

우리 사무처 직원들은 하도 교육도 받고 남북 접촉 경험이 많기 때문에 남북 간 언어 차이로 인한 마찰은 거의 없었는데 일반인들로 구성된 관리위원회와 기업들은 초기에 상당한 애로가 있었다. "초기에 남북 간에 정치적인 문제나 체제적인 문제는 워낙 조심하니까 그래도 좀 예측이 가능한 수준이었는데 문화적으로 다른 거는 도저히 예상도 어렵고 대처도 안되더라고. 그중에 가장 유명한 사건이 똥강아지 사건인데. 우리나라에서는 나이 많은 어른이 자기 손주들이나 아이들한테 '우리 똥강아지'라고 하는 말이 너무 이뻐하는 말이잖아. 어느 날 나이가 많은 남한 측 법인장이 이제 막 입사한 북한 측 어린 직원들이 열심히 일하는 모습을 보고 너무 기특했는지 '우리 똥강아지 정말 열심히 일하네.'라고 한 거야. 그랬더니 북한 측 직원은 갑자기 울면서 뛰쳐나가고 좀 이따가 (북한)참사들이 쳐들어와서 '우리 측 성원을 똥 묻은 개에 비유하다니'라고 분노하면서 그 말을 한 남한 측 법인장을 추방시켜 버렸어. 우리가 언어적인 차이를 이해시켜보려고 했는데 초창기에는 그게 안되 더라고. 그래서 개성공단에서는 그게 금기어가 되어서 교육하게 되었어. 지금은 그런 문제는 잘 안 생기지."

— 50대(남), 개성공업지구지원재단 부장[25]

"남측 북측으로 인해서 재밌는 사건도 많았어. 어느 날 우리 직원이 주말에 북한산을 다녀온 거야. 그리고 개성으로 출근을 했는데 북한 직원들이 주말에 뭐 했냐고 물어본 거지. 그래서 '등산 갔다 왔다.'라고 했더니 북한 직원 하나가 '무슨 산에 다녀왔어요?'라고 되물은 거야. 거기서 우리 직원이 고민을 한 거지, '북한이라는 말은 안 되는데 북한산이라고 말해도 될까?'라고 고민하다가 '북측 산에 다녀왔다.'라고 한 거지. 거기 있었던 남북 사람들 다 웃다가 기절했어. 고유명사는 말해도 되거든. 북한 직원이 '아 삼각산이라고도 하는 북한산을 다녀오셨구만 기래.'라고 했거든"

— 40대(남), 개성공업지구관리위원회 팀장[26]

▶ 2013.11.19.(화)

어제 서울에서 기자 백브리핑을 했다. 사무처의 설치 경과, 기능, 실적, 의미, 향후계획, 발전방향 순으로 브리핑하고 질문을 받았다.

기자들의 관심사는 북한 땅에서 우리 공무원들이 어떻게 지내는지

25) 홍승표, 전게논문, pp.127-128.
26) 홍승표, 전게논문, p.167.

에 집중되어 있었다. 브리핑 후 대변일실 관계자에 따르면 오늘 일부 깐깐한 기자들은 오지 않아서 시비조의 질문은 없었다고 했다. 차를 타고 자유로를 달려 개성으로 복귀하면서 생각해 보니 '북측 사무처 인원이 VIP를 비난했다'고 한 나의 언급은 불필요했다는 생각이 들었다. 또한 북측 인원 가운데 아는 사람 있었느냐는 질문에 2명이 있다고 하면서 그 사람들의 실명을 언급한 게 마음에 걸렸다. 앞으로 북측 관계자의 실명은 언급하지 말아야겠다고 생각했다. "모든 것이 합력해서 선을 이루게 해 달라고" 기도드리는 수밖에 없었다.

저녁에도 브리핑 내용 가운데 염려되는 대목이 문득문득 떠올랐다. 나의 신심이 약한가 보다. 일을 하는 과정에서 약간의 비난이나 문제 제기를 감수하지 않으면 아무것도 할 수 없다. 대범하게 나가는 수밖에 없다. 동아일보 이정은 기자의 말이 머리에서 맴돈다. "얼마나 좋은 기회예요. 책을 써도 좋겠네요."

내가 백브리핑을 하기 직전 VIP께서 국회 시정연설을 하셨는데, 거기에서도 3통 등 개성공단 현안 문제가 진전되지 못하고 있다는 지적이 나왔다.

▶ 2013.11.22.(금)

어제 처장회의는 나의 믿음 부족을 보여주는 시간이었다. 월요일에 했던 백브리핑 때문에 회의 중반까지 긴장을 하고 있었던 것이다. 월요일 했던 백브리핑 내용이 화요일 석간, 수요일 조간에 기사화되면서 이 보도가 북을 자극하지 않을까 염려가 되어서 기도를 하고 들어갔지만 그 기도가 입술로 한 기도에 불과하였던 것임이 드러난 것이다. 나는 먼저 새로 전입한 직원들을 소개했다. 박윤주 과장[27]을 역사학과 출신이라고 소개했다. 그러면서 분위기를 누그러뜨리려고 역사관에 대해 이야기하면서 설을 풀어나갔다. 마르크스 엥겔스는 부루조아와 프롤레타리아로 계급을 구분했지만 내가 보기에 사랑의 대상을 섬기는 유처(有妻) 계급과 그렇지 못한 무처 계급으로 나누는 것이 더 의미 있을 것이라고 우스갯소리를 했다. 그러자 북측 과장이 "복잡하게 할 것 없이 세르반테스가 말했듯이 역사는 과거의 증인이고 현재의 실증이며 미래에 대한 경고"라는 것이 정확하다고 참견했다. 그것도 좋은데, 나는 사람들을 개성공단을 사랑하는 사람과 개성공단을 사랑하지 않는 사람으로 구분한다고 했다. 윤 처장은 지루하다는 표정으로 내 말끝이 어디로 향하는지 주시하더니 "남측에서는 개성공단을 사랑하지 않는 사람이 많지 않느냐"고 공격해 왔다. 나는 사람들이 개성공단을 사랑하는지 안 사랑하는지를 판단하는 기준은 약속과 합의를 지키는지 안 지키는지가 되지 않겠느냐는 논리로 이끌어가면서 3통 합의는 어떻게 되느냐고 물었다.

윤 처장은 "결국 그 얘기구만" 하더니 "3통 해야지" 하면서 "정식으로 제기하는 것이냐"고 되물었다. "정식이다"라고 했더니 언제가 좋겠느냐고 했다. 화, 수, 목요일이 좋지 않겠느냐고 했더니 준비도 해야 하니 수, 목으로 하자고 하면서 공식으로 제기해 주면 날짜를 잡도록 하겠다고 말했다.

그러고 나서 아니나 다를까 보도 이야기를 꺼냈다. 남측이 있지도 않은 이야기를 자랑삼아 언론에 흘려 자기들을 곤란하게 했다, 이런 식의 언론쇼를 하면 마주 앉을 필요가 없다고 협박했다.

---

27) 박 과장은 당시 통일부 주무관이었다. 그러나 북측에 우리 사무처 인원의 직책을 통보할 때 사무처장, 부장 2명 이외에는 모두 과장으로 통일시켰다. 북측도 사무처장 이외 모두 과장으로 통보해 왔다.

희한하게도 이때 오히려 내 긴장이 풀어짐을 느꼈다. 윤 처장이 약간 웃으면서 이야기해서 그랬을까, 아니면 하나님이 내 마음을 만져주셨기 때문일까, 나는 침착하게 대응했다.

"보도를 다 읽어 보았느냐? 다 읽어 보았다면 알겠지만 메시지는 두 가지이다. 첫째는 남북 사무처가 기업의 애로사항 해소를 위해 노력한다는 것이고 둘째는 남북 사무처가 합의를 지키려 애쓴다는 것이다."

"그것까지는 이해하겠지만 마치 우리가 언성을 높였다가 남측이 합의 사항을 이야기해서 우리가 수그러들었다는 듯이 이야기한 것은 문제다."

"우리는 상대방을 곤란하게 하거나 또 난처하게 할 의도가 전혀 없고 그것을 항상 유의하고 있다. 그러나 그 보도는 개성공단 합의가 이행 안 되어서 고생하고 있는 기업들의 걱정을 덜어주고자 한 의도이며, 또한 사무처가 공식 출범한 만큼 우리 국민들을 향한 최소한의 설명이다."

그러자 윤 처장은 더 이상 길게 하지 않고 박윤주 과장 상대로 환담하며 화제를 돌렸다. 돌이켜 보면 백브리핑 자체가 하나님께 여쭤보지 않고 한 것이며, 했으면 하나님께 기도하며 당당히 나가야 했었는데 아쉬웠다.

"예또대"를 명심하자.

예수님을 떠올리며 또박또박, 대한민국 대표로서 말하고 행동해야 한다. 개성교회 정병업 목사님[28]께서 "북측 인사들이 처장님을 보면 인격에 감화되지 않을까" "처장님 덕분에 3통이나 개성공단 사업이 잘될 것 같다"고 하신 말씀을 듣고 내심 부끄러웠다. 하나님의 자녀답게 늘 기도하면서, 한 수 높은 차원에서 여유 있게 회의를 리드해야 북측 인사들이 감화를 받으리라.

---

28) 개성교회는 (주)신원의 개성 공장 안에 설립된 예배당이다. 설립과정의 에피소드에 대해서는 p.118 참조. 정병업 목사님을 비롯한 목회자들은 입주기업인 신원의 '고문' 신분으로 방북하여 개성교회에서 예배를 인도하였다.

▶ **2013.11.25.(월)**

지난 금요일(11.22)은 나름 알차게 보낸 것 같다. 서울로 입경하자마자 차관께 보고드리고 은행에서 볼일 보고, 청와대로 달려가서 1시간 보고하고 다시 회담본부로 가서 장관님께 30분 보고하고 청사로 와서 옛 과원들과 회식을 한 다음 저녁 교회 목장 모임까지 쉼 없이 달렸다.

장관님께 드린 나의 보고의 핵심은 개성공단을 핵 문제와 덜 연관시키자는 것이다. 그런 가운데 3통 중 시급한 1통, 즉 통행 분야라도 성과를 내보자는 것이다. 장관님과 청와대 비서관도 나의 보고에 이의가 없는 듯했다. 자신 있게 밀고 나가면서 지혜를 발휘해서 아이디어를 제공해야겠다.

교구예배 발표를 준비해야 하는데… 하는 생각이 들었다. 교구예배 때 내가 발표를 하게 되어 있었다. 주제는 하나님께 온전히 의지하는 삶이다. 발표내용을 다음과 같이 구상해 보았다.

*

'8월까지 나의 기도는 박사학위논문 완성에 있었는데, 하나님이 이루게 해 주셨고 그 후에는 한반도의 평화와 남북관계 개선을 위한 중책을 담당하는 다니엘이 되도록 해 주십시오 하는 것이 기도 제목이었습니다. 응답은 급히 왔습니다. 9월 30일부터 개성공단 공동위원회 사무처장으로 일하게 된 것입니다. 개성공단이 5개월 이상 중단되었다가 막 정상화된 지 보름도 채 안 된 시점에 개성공단을 안정화시키는 중책을 맡게 된 것입니다.

잘 할 수 있을까, 책임감과 불안감이 함께 몰려왔습니다. 이정철 목사님께 주일 저녁 늦게 전화드렸더니 전화로 "주님, 급할 때 피할 길을 주시고 담대함과 지혜를 허락하여 주소서. 택하셨으니 지혜와 담대함을 주소서"라고 기도해 주셨습니다.

여기에서 개성까지는 60-70㎞ 정도밖에 안 됩니다.

안 막히면 1시간가량 자유로를 달리면 남북출입사무소에 도착합니다. 거기서 수속을 밟고 정해진 시간에 통문을 열고 비무장지대 안으로 들어갑니다. 우리 군인이 탄 차량이 안내를 해서 MDL 직전에 빠지면 MDL을 넘은 직후에 북한의 군인이 운전하는 차량이 우리를 안내해서 북측 CIQ에 도착합니다. 거기서 수속을 밟으면 개성공단이 눈앞에 펼쳐집니다.

그곳은 120개 기업, 46,000여 명의 북한 근로자, 700여 명의 우리 주재원들이 함께 일해서 하루 200~300톤의 생산물을 생산해 내는 남북협력의 장입니다.

개성공단에서 근무한 첫날, 북측 성원들과 상견례를 하고 숙소에 들어와 생각해 보니 분명한 사실 하나가 나의 머리를 감쌌습니다.

"이제 나의 생명과 안전을 지켜주는 이는 우리 대통령도 아니고 원점을 타격하겠다는 용장인 김관진 국방장관도 아닌 하나님밖에 없구나."

나의 생사여탈을 쥐고 계시는 하나님!

먼저 이분을 알아야 하겠다 하는 생각이 들어서 성경 완독을 목표로 세웠습니다. 그동안 신약을 중심으로 성경을 여러 차례 읽고 신앙서적도 더러 읽었지만 창세기부터 요한계시록까지 1독은 제대로 못 했습니다.

이곳의 생활은 매우 단순합니다. 7시에 회식을 해도 8시면 끝이 납니다. 2차 갈 곳도 변변치 않고 또 공무원으로서 노래방에 갈 수도 없습니다. 좁은 곳이니까 금방 소문이 나겠지요.

그래서 공단을 산책하다가 숙소로 와서 9시 뉴스를 시청하고 일찍 잠에 듭니다. 그러면 새벽 3시 좀 지나서 일어납니다. 그때부터 7시까지 는 성경 읽기 시간입니다.[29] 먼저 신약을 읽고 구약을 읽었습니다. 4가 지 질문을 염두에 두고 읽었습니다.

첫째, 하나님은 어떤 분이신가.
둘째, 구약성경은 그리스도께서 오실 것을 어떻게 증거하고 있는가.
셋째, 이방인에 대한 구원을 어떻게 이루어 가셨는가.
넷째, 나에게 주는 교훈은 무엇인가.
매일성경의 QT 질문을 참고한 것입니다.
그래서 1개월 만에 1독을 끝냈습니다.

나의 첫 번째 사역은 10월 30일 외통위 국회의원의 개성공단 방문을 잘 성사시키는 것이었습니다. 두 번째는 분과위원회를 개최하여 3통과 출입 분야에서 성과를 거두는 것이었습니다.

국회의원의 개성공단 방문에 대해 긴가민가하는 북측 인사들에게 국회의원 방문이 기업들의 어려움을 해소하는 데 도움이 된다는 논리 로 지속 설득했습니다. 그리고 기도했습니다. 북측 인사들이 개성공단 을 사랑하는 마음을 달라고 기도했더니 하나님께서 제 기도를 들어주 셨습니다. 3통과 출입 분야에서도 성과를 거두기 위해 기도하고 있습 니다.

---

29) 북측은 성경책의 크기 등을 보아가며 반입을 제한적으로 허용했다. 너무 작은 성경책 은 북측에 유통될 수 있다고 보고 허용하지 않았다. 또 QT책은 그 내용 검사가 깐깐했 는데, 책 안에 북한 주민 인권 회복을 위한 기도문이 있다며 150불 벌금을 매긴 사례 도 있다. 김민주, 『나는 개성공단으로 출근합니다』 (산지니, 2019), p.150. 참조

하나님은 창조주이시고 지금도 살아계시며 일하고 계십니다, 북한까지 포함한 민족 복음화를 위해 전능하신 하나님께 온전히 의지한 채 늘 기도하며 나아가야 하겠다고 다짐했습니다. 감사합니다.'

▶ 2013.11.26.(화)

박윤주 과장에게 북측 과장이 언급한 세르반데스의 말을 알아보라고 했더니 박 과장이 금방 찾아왔다.

"역사는 진실의 어머니이며 시간의 그림자이자 행위의 축적이다. 그리고 과거의 증인, 현재의 본보기이자 반영, 미래에 대한 예고인 것이다."[30]

11시 25분경에 3통 회담에 나오겠다는 북측 통지문이 군(軍) 통신선을 통해 남측으로 갔다가 서울에서 우리 사무처로 왔다. 사무처 라인을 통해 오지 않고 군 통신선을 통해 온 것이 다소 불쾌했지만 북측이 선군체제인 점을 감안하면 이해가 되지 않는 것도 아니었다. 패싱당한 북 사무처는 이 사실을 모르고 있겠다는 생각이 들었고 북측 사무처에도 전해주자는 연락관의 건의에 그렇게 하라고 했다. 북측 연락관과 만나고 온 연락관이 "북측이 다소 황당해하던데요"라고 말했을 때 이해가 되었다. 자기 측에서 보낸 문건을 우리가 먼저 알고 다시 북측에 문건을 전달했으니 북한의 사무처 직원들이 얼마나 당황스러웠을까?

이렇게 되면 사무처 설치 이후 분과위원회가 모두 열리게 된다.

---

30) 세르반데스 저, 박철 역 『돈키호테』 (시공사, 2004.11.16.), p.117.

하나님 아버지, 3통이 다 이루어지지 않아도 좋습니다. 이번 회담을 통해 1통, 즉 통행 분야에서 방북 인원들의 발걸음이 좀 더 자유로워질 수 있도록 역사하여 주옵소서.

3통 회담이 열리면 북측의 주장은 무엇일까?

북측도 합의 미이행의 책임을 혼자 뒤집어쓰기를 원치 않을 것이다. 그래서 지금 전방위 대남 압박을 취하면서도 회담에 나온 것이다. 자기들은 할 바를 다했다고 하면서 이제는 남측이 알아서 할 바를 해라, 이렇게 나올 것이다. 회담 전반부에 세게 치고 나올 것이다. 그리고 나서 우리 측 태도를 보아가며 실무협의에 나설 것이다. 동절기를 앞두고 우리 측으로부터 최대한 자재장비를 확보해 두자는 계산을 하고 나왔을 수 있다.

우리 측은 회담 개최는 합의사항으로서 당연한 것인데 지난 11월 13~14일 회담에 불응한 데 대해 짚고 가야 한다. 이와 같이 전체 회의에서 짚을 것은 짚고, 북측 입장을 파악하고 나서, 북측이 협의에 나설 준비가 되었다 싶으면 실무협의를 여는 것이 좋겠다. 일일 단위 상시통행과 삼거리-통행검사소 간 자유통행이 보장되면 자재장비를 제공해도 될 것이다.

▶ 2013.11.27.(수)

우리 큰 딸의 진로 문제에 대해 하나님께 여쭙고 있다.
주말까지 기도드려 하나님의 뜻을 살핀 후 최종 결정해야 하리라
그에 비해 작은딸의 중학교 문제는 훨씬 마음이 가볍다. 하나님께서 선

택하실 단계, 곧 추첨이라는 형식을 거치기 때문이다. 하나님께서 좋은 길로 인도해 주시기를 기원하면서 합격하든 못하든 순종하면 되리라.

임마누엘 하나님께서 나에게 분명 말씀하고 계실 텐데 둔한 내 귀와 눈이 그것을 듣지도 보지도 못한다는 생각이 들었다. 영안을 뜨고 깨어 있어서 하나님의 세미한 음성을 듣게 해 달라고 기도했다.

개성공단에 눈이 내린다. 펑펑~

▶ 2013.11.28.(목)

어제 개성교회 목사님 설교가 마음에 와닿았다. "하나님의 나라는 너희 안에 있느니라" 누가복음 17장 21절 말씀이다. 여기에서 '안'은 세 가지로 해석할 수 있다고 한다.

첫째는 in. 우리 마음 안이 천국이라는 것, 둘째는 among. 공동체 속에 천국이 있다는 것, 셋째는 바리새인들에 둘러싸인 예수님이 곧 천국이라고 보는 것이다.

주님을 내 중심에 모시고 살아간다면 내 마음이 천국이 될 수 있고 그런 사람들이 모인 공동체는 더 큰 천국이 될 수 있다는 의미로 해석해 보았다.

15:00 처장회의가 북측의 요청으로 30분 늦게 개최되었다. 북 사무처가 3통 대표단 명단을 북 군부로부터 받아서 우리 측에 주려 했는데 시간을 30분 늦추어 주어도 결국 우리에게 그 명단을 전달하지 못했다. 군부와의 관계가 원활하지 못했기 때문이리라. 선군체제에서 북측

의 사무처 직원이 군부 인사들에게 말도 제대로 건네지 못할 것이라는 생각에 측은한 마음이 들었다.

이번 처장회의는 미리 준비한 안건대로 진행했다.

내일 분과위원회 개최를 차질 없이 지원하자, 통관 시 X ray 투시하지 말라, 상사중재위원회 개최도 12월 11일 해보자. 사무실 이전 공사 계획 및 숙소 이전 계획 등을 설명하고 사무처 직원 생일 축하 행사 등을 제안했다. 북측 처장은 거의 말이 없었다. 피식 피식 웃으며 농담을 던지는 수준으로 반응했다.

항상 다짐하는 것은 하나님의 자녀로서 대한민국 사무처장으로 또 박또박 이야기하고 북측 성원들에게 감화를 끼치자 하는 것인데 그게 잘 안된다. 가끔 예수님을 생각하며 말을 하기도 하지만 웃고 긴장하다 보면 또 예수님을 잊어버리곤 했다.

오후 늦게까지 북측 대표단 명단이 도착하지 않았다. 성경을 읽으면서 기다리고 있다가 10시에 무전기[31]로 북측을 불러 보라고 했다. 조금 더 기다려달라고 했다. 응답해 주는 것이 고맙다는 생각이 들었다. 10시 반에 무전기로 다시 불렀더니 사무실로 오겠다고 했다. 드디어 군부로부터 명단을 받았을까, 연락관에게 들으니 북측 연락관이 술 냄새를 풍기며 명단을 가져왔다는 것이다. 자기들도 기다리다 지쳐서 술 한잔 했겠구나 하는 추측을 해 보았다. 3통 대표단 명단을 보니 윤 처장이 빠지고 홍선일이라는 인물이 포함되어 있었다. 처장회의 때 윤 처장은 분과위원으로 있는 것이 격에 맞지 않다고 이야기해 주었는데 내

---

31) 개성공단은 휴대폰 사용이 불가하여 무전기를 사용했다. 기관, 기업, 북측 등 채널을 달리하여 사용했다. 무전 채널은 북측에서 관여하기 때문에 임의로 등록하지 않고 반드시 관리위원회에 신고하고 사용하여야 했다.

말을 받아들인 것일까. 윤 처장도 사무처장으로서 자신의 위상 문제에 고민이 많을 것 같았다.

▶ 2013.11.29.(금)

일어나자마자 오늘 열리는 3통 회담에서 성과를 거두게 해 달라고 기도드렸다. 남북은 8월 14일 개성공단 정상화를 위한 합의서에서 통행, 통신, 통관 문제를 개선해 나가기로 합의하였지만 아직까지 가시적 성과가 없는 실정이다. 현재 개성공단 통행을 위해서는 특정 시간대(하절기 23회, 동절기 21회)를 정하여 출입을 신청해야 한다. 만약 10시에 출입을 신청했는데 10시 30분에 출입사무소에 도착하면 그날은 개성공단에 들어올 수 없거나 벌금을 물고 오거나 남북출입을 담당하는 실무자간 협의를 통한 지연입경제도를 활용해야 하는 등 복잡한 상황이 초래되는 것이다. 이것을 개선해서 특정 시간대가 아니라 특정 날짜를 정하여 출입을 신청하고, 그 날짜에는 어느 시간이든지 출입이 가능하도록 하는 것이 일일 단위 상시통행이다. 현재 개성공단과 국내와의 통신 수단은 유선전화와 팩스밖에 없다. 팩스는 기업들이 설계도면과 같은 자료를 받기에는 극히 불편한 수단이다. 그래서 인터넷을 이용할 수 있도록 하는 것이 통신 분야의 핵심과제였다. 통관 분야에서는 전수검사를 실시함으로 말미암아 기업들의 납품이 지연되고 있어서 국제적 수준으로 2% 선별검사를 도입하자는 것이 목표였다.[32]

어제 처장회의 때 북한 소설 "역사의 대하" 이야기를 한 것이 맘에 걸

---

32) 이러한 3통의 개선 목표는 2016년 공단이 중단될 때까지 달성되지 못했다.

렸다. 관계기관 사람들이 나의 사상을 오해할 수도 있다는 생각이 자꾸 들었다. 다시 한번 다짐했다. 성령 충만하지 않으면 이야기하지 말자! 문득 김천식 차관님이 나에게 가끔 "잘해"라고 했을 때 '뭘 잘하라는 말씀이지?'라고 그 말뜻이 무엇인지 헤아리면서 조심했던 기억이 떠올라 그 방법을 쓰기로 했다. '잘하자!'

점심 식사를 하고 있는데 관계기관 직원이 다가왔다. 이런저런 이야기를 하다가 옆에 있던 박 부장이 내 마음을 알았는지 관계기관 직원에게 넌지시 내부용 보고의 방향성을 제시했다. "본부에 들어가도 사무처 이야기는 긍정적으로 잘해야 해요. 다들 건전한 상식으로 열심히 잘하고 있다고 보고하실 거죠" 그 직원이 흔쾌히 대답했다. "아 그래야죠."

3통 회담에서는 남북이 전자출입체계 공사를 12월 첫째 주부터 개시하기로 하고, 통관 편의 제고를 위한 현장 방문을 실시하기로 하였다.

▶ 2013.12.3.(화)

주일(12.1) 날 교구예배 감사 발표를 했다. 내 자랑이 아니라 하나님의 영광을 드러내자고 다짐했기 때문일까, 긴장이 거의 되지 않았다. 특히 내 발표 직전에 한 뮤지컬 가수의 찬송에서 큰 깨달음을 얻었다. 그분은 좌중을 압도하는 자신감이 있었다. 어떤 선배가 김연아 선수에게서 판을 장악하고 분위기를 리드하는 카리스마를 느꼈다고 하던 그 "힘"을 느낀 것이다.

주님, 나에게도 그 힘을 발휘할 수 있도록 해주세요

기도하며 발표했다. 많은 사람이 내 발표를 듣고, 남북관계를 위해 기도해야겠다는 마음이 들었다며 발표에 대해 엄지를 들어 올려주었다.

12월 2일 월요일 북한대학원대학교로 가서 최완규 총장님을 뵙고 이어 임을출 교수를 면담했다. 최 총장님은 현 정부에 실망을 거듭 표시하면서 유라시아 비전, 나진 하산, DMZ 평화공원 등의 사업이 기초가 부족한 구상이라고 비판했다. 그러한 사업을 하자면 남북관계부터 개선시켜 나가야 되지 않겠느냐 하는 뜻이었다.

임 교수는 경제적 실리 확보 등 북한의 개성공단 재가동 배경을 분석해 주었는데, 나에게는 개성 인민의 불만을 수습하려는 의도도 있었을 것이라는 언급이 흥미롭게 들렸다. 한편, 김일성대에서 나온 자료, 잡지 등을 분석해 볼 때 북한의 경제정책은 과거와는 분명히 다르며 우리가 이러한 북한의 정책변화를 잘 이끌어내야 한다고 강조했다. 점심은 차관님과 함께했다.

오후 장성택 부위원장이 실각되었다는 큼직한 글씨의 속보가 떴다. 그가 군부와의 파워게임에서 밀렸다면 남북관계에 미칠 영향은 부정적이라고 볼 수밖에 없다. 몇 가지 가능성을 생각해 보았다. 첫째, 장성택 vs 군부 파워게임 다시 말해 강온 대립에서 빚어진 결과일 가능성, 둘째 신구대결에서 최용해 중심의 신진세력이 이영호, 장성택 등 훈구세력을 몰아내었을 가능성, 셋째 김정은 위원장 대 장성택 간 갈등 결과일 가능성 등이 있을 수 있으므로 사태 변화를 지켜보아야 하겠다.

▶ 2013.12.4.(수)

9시 30분 실무협의는 평소대로 이루어졌다. 북측이 질문한 것은 '우리 인원이 현재 개성 현지에 몇 명이 있냐'라는 것이었다.

북측은 오후 2시경 통관 절차 개선을 위한 현장실사 및 이동검사 일정을 전격 중단했다. 아무런 이유도 통보하지 않았다. 그렇다면 예상할 수 있는 것은 장성택 실각 등 최근 정세 관련 국내보도 때문일 것이다. 2시 15분 연락관 접촉 결과를 보아야 한다.

내가 생각해 본 시나리오는 이러하다. 현지 세관장은 아무것도 모르고 실사단을 협조적으로 맞이했으나 평양에서 국내 보도를 종합 판단한 결과 남측에 경고를 주어야겠다고 결정했고 이를 세관장에게 통보한 것으로 보인다. 연락관 접촉 결과 북측 사무처는 왜 현장실사가 중단되었는지 모른다고 했다. 딱한 일이다. 결국 통관 현장 실사는 오전에 한 것으로 끝났고 오후 일정은 시작도 못 한 채 종료되었다.

한편, 연락관 접촉에서 오늘 생일을 맞은 북측 과장에게 도우넛을 선물했다.

새로운 상황 하나!

부속의원 의사가 개성공단으로 들어오면서 뭔가 걸렸다는 것이다. 그것이 만약 금일 신문이었다면 김정은, 장성택 등 온갖 북한 내부 기사로 도배되어 있는 만큼 문제가 클 텐데 라며 걱정하다가 얼마 후 확인해 본 결과 신문이 아니라 북한 부동산 관련 서적(대담한 미래 2030) 때문에 벌금 100불을 물었다는 보고를 받고 한숨 돌렸다.

▶ 2013.12.5.(목)

5시 반에 일어나 사도행전을 읽었다. 스데반의 순교, 이방인을 대상으로 한 베드로의 성령세례, 바울의 선교활동, 바울의 로마 압송 장면을 단숨에 읽었다. 성경을 덮고 나서 하나님은 왜 스데반의 순교를 허락하셨을까 하는 안타까운 생각이 들었다. 사울의 회심을 예비한 사건이었을까? 스데반이 목숨으로 믿음을 지키는 것을 보고 사람들을 깨닫게 하실 의도였을까?

오늘 처장회의에서는 내 발언의 컨셉을 '상대방과 청중', '합의이행의 중요성' 강조로 잡았다. 내가 먼저 질문을 던지며 회의를 리드했다.

"북측 여자축구 경기할 때 관중이 얼마나 오나?"

"경기마다 다르지."

"축구 경기에도 관중이 많지만 처장회의에도 관중이 많다. 합의를 이행하는 것이 관중들에게 안정감을 준다."

내 공격을 예상했는지 윤 처장은 먼저 해명하고 나왔다. RFID 공사 협의를 위한 통관 실사가 중단된 것은 자기 측의 불가항력적 상황 때문이었다고 말했다. 내일 실무협의는 다 개최한다고 했다. 그런데 우리 통지문을 잘못 해석했는지 통행, 통신, 통관, 군 통신을 모두 연다는 것이었다. 나는 "통지문을 잘 보라, 내일 열리는 것은 통신과 군 통신 분야"라고 알려주었다. 아무튼 북측은 다 온다는 것이었다.

회의 말미에 북측 과장의 생일을 축하한다고 했다. 그러면서 "남북이 같이 식사를 했으면 좋을텐데…"했더니 그 마음은 안다고 했다. 내 마음이 전달되었느냐고 했더니 전달받았다고 대답했다. 그러나 윤 처장은 우리의 "지원"이 불충분하다고 했다. 사무실 비품, 차량을 말하는 것이었다. 그것도 최대한 노력하는 우리 마음을 잘 알 거라고 했더니,

그 마음은 잘 전달되지 않는다고 익살을 부렸다.

돌이켜 보니 장성택의 실각설이 나온 것이 12월 3일이고, 우리 신문에 보도된 것은 12월 4일, 우리 측 실무자가 통관 실사에 나온 것은 12월 4일, 그 실사가 오전에 잘 되다가 오후부터 안되었다. 오후에 예정된 이동 통관점검 등 일정이 갑자기 모두 멈춘 것이다. 그리고 오늘 오전 RFID 공사 협의까지 안 되다가 오늘 처장회의에서 북측이 적극적으로 나온 것이다. 즉 12.4~12.5 오전까지 내부 협의를 거쳐, 장성택 사태에도 불구하고 개성공단 사업을 위한 남북 협의 일정을 계속한다는 것으로 입장 정리를 마친 것이 아닐까 싶다.

오늘 오전 RFID 공사 관련 북측 담당 인원은 개성 현장에 있었지만 남북 협의에는 응하지 않았던 것이다. 북측은 내일은 통신, 군 통신접촉, 모레는 통관, 통행 실무접촉을 하자고 나왔다.

▶ 2013.12.6.(금)

오늘 아침 기도를 드렸다.

> 주님, 장성택 사태 등 북한의 정세에도 불구하고 개성공단에 평화를 내려 주소서. 제 마음 속에 성령님 모시고 일하게 하옵소서.

그런데 막상 개성공단 통행·통신·통관 분과위원회의 통신 분야와 군통신 분야 실무협의 우리 측 대표단이 나를 예방했을 때 나는 대표단을 대상으로 회담 시 유의사항과 나의 경험담을 장황하게 설명했는데 그 순간 성령님은 어느새 내 마음속에 계시지 않았다. 후배들 앞에서 '이생의 자랑'을 하느라 성령님을 소멸시켜 버린 게 분명하다.

오늘 통신 분야와 군통신 분야 실무협의는 북측의 자재·장비 지원요구에 막혀 성과 없이 끝났다. 오전 10시에 시작된 1차 접촉이 10시 40분을 전후해서 끝났는데 그것이 마지막이었다. 북측이 일방적으로 철수해 버렸기 때문이다. 북측은 11시경부터 지속적으로 철수 가능성을 시사하고 위협하더니 결국 오후 2시경 최후통첩을 해 왔다. 우리가 북측 지원 요구에 대한 우리 측(남측) 입장이 정해지면 협의하자고 제안하자, 북측은 긍정적으로 검토하겠다고 나왔다. 판을 깨지는 않으려는 의도로 보였다. 그렇지만 북한의 몰상식적 태도에 화가 났다. 동시에 우리 대표단의 미적지근한 회담 운영에도 아쉬움을 느꼈다.

▶ 2013.12.7.(토)

새벽 4시 10분부터 성경을 읽었다. 로마서와 고린도전서.
"내 몸을 쳐 복종하게 함은 내가 남에게 전파한 후에 자신이 도리어 버림을 당할까 두려워함이로다"(고전 9:27)라는 구절에서 자고(自高)하지 않으려 노력하는 바울의 눈물겨운 노력을 읽을 수 있었다.

영생이 무엇일까, 영생을 얻었다는 것은 무슨 뜻일까, 나를 창조하신 분이 하나님이심을 깨닫고 그 하나님을 주인으로 모시는 새로운 관계를 맺은 것, 다시 말해 육신의 소욕 대신 성경 말씀을 따라 성령의 열매를 맺어가는 프로세스가 지상에서 천국까지 이어짐을 말하는 것이 아닐까?

▶ 2013.12.9.(월)

장성택이 정치국 확대 회의에서 체포당하는 장면이 북 TV에서 보도 되었다. 최고 권력자의 고모부이자 후견인이 하루아침에 잡혀간다면 누가 소신대로 일할까? 옆에 앉아 있던 김양건 대남비서는 어떤 마음이 들었을까?

▶ 2013.12.10.(화)

오래전에 통일부 어떤 선배가 "나는 하나님의 피조물"이라는 깨달음을 얻었다고 말한 적이 있었다. 그 말을 들었을 때, 인간은 피조물이지만 자유의지가 있지 않은가 하는 생각을 했던 적이 있다. 오늘 새벽 그 생각을 다시 해 보게 되었다.

수동성과 소극성을 내포할 수밖에 없는 '피조물'이라는 말을 대체할 만한 용어가 없을까, 인간은 피조물로 지음받았지만 기도와 간구로 하나님을 감동시킬 수 있고 그것을 통해 인간도 세상을 조금씩 바꿀 수 있다면 피조물로 탄생된 성도의 성화 되어가는 동적 측면을 나타내는 좀 더 정확한 존재론적 용어는 없을까,

고린도후서와 갈라디아서를 읽으면서 마음에 닿는, 보다 정확한 표현을 찾아내었다. 그것은 '그리스도의 종'이라는 바울의 고백이었다. 종은 하나님의 말씀대로 일하면서 하나님을 기쁘게 하고 하나님을 영광 되게 할 수 있는 존재이기 때문이다. 소극적이기는 하지만 적극적일 수 있고 수동적이기는 하지만 주인의 감동을 불러일으키면서 주인의 영광을 드러내는 능동적인 일을 할 수 있기 때문이다.

점심은 평양식당에서 장로 법인장 4분과 함께 했다. 그분들의 애로 사항은 첫째, 세금 문제 관련 세목과 2013년 면제 부분을 명확히 해줬으면 하는 것이고 둘째, 모(母)기업에서 개성법인에 자재 장비 설비를 제공할 때 물어야 하는 영업세 세율(3%)이 너무 높다는 것이었다. 이런 저런 이야기 중에 모(某)기업의 북측 관계자가 북한이 지난 11월 11일 외국기업과 합작으로 착공식을 한 '개성 고도과학기술개발구'와 관련 "고도과학기술개발구, 그거 되겠어요?"라고 부정적으로 반응했다는 이야기도 들었다. 북의 인민들도 당의 일방적 선전을 그대로 믿지 않고 자기 판단을 하며 살아갈 것이다. 특히 개성공단에서 일하는 북측 근로자들은 더 그럴 것이다.

▶ 2013.12.11.(수)

바울이 로마 감옥에서 썼던 서신을 읽었다. 에베소서, 빌립보서, 골로새서. 키워드는 "주안에서" "그리스도 안에서"이다. 주님의 종이 되어 주님의 평강과 은혜를 풍성히 누리며 이를 나눌 수 있어야 할 것이다.

오늘 이곳 개성에 많은 눈이 내렸다. RFID 터파기 공사를 시작하는 날이다.

하나님 아버지, 이 공사를 주관하여 주시고 이 공사가 끝나면 일일 단위 상시통행이 차질 없이 이루어지게 하시고 개성공단의 발전적 정상화에 밑거름이 되게 하옵소서.

▶ 2013.12.12.(목)

어제 개성교회 수요예배에서 혈루병 여인의 믿음이 스스로를 구원한 본문 말씀을 근거로 목사님의 설교가 있었다.

이 여인의 간절함과 믿음을 본받아 나의 성화를 위해 기도해야 하리라. 나는 매일 죽노라 한 바울의 고백처럼, 세상일과 탐욕에 관계된 나의 본성을 매일 죽여야 하리라, 주님 안에서 진정 거듭나야 하리라.

성경 속에 침잠해 있으면 세상을 향해 눈을 들 때 나의 얼굴과 눈빛이 주님의 형상을 닮은 그 모습을 보이게 되지 않을까.

오늘 처장회의에서 북측이 놀라운 제안을 해왔다.

12월 19일 공동위원회 회의를 하자는 것이었다. 11월 14일 우리 측 공동위원장이 개성을 방문한 김에 남북 공동위원장 간 면담을 갖자는 요청을 거절한 북한이 한 달이 채 못되어 공동위원회를 제안한 배경을 이해하자면 이 한 달 동안 무엇이 일어났는지를 알아보아야 한다.

11월 29일 3통 분과위 개최 및 RFID 공사 착수, 장성택 실각이 대표적 사건이다. 그렇다면 장성택 실각이 가장 큰 변수라고 할 수 있고 북한은 장성택 실각에도 불구하고 개성공단은 그대로 간다는 메시지를 전하고 싶은 것이 아닐까 하는 추측을 해 보았다.

▶ 2013.12.13.(금)

어제 장성택의 사형이 집행되었다. 개성공단이 숨죽이고 있는 듯하다.

▶ 2013.12.16.(월)

　매주 월요일 아침에 하던 통일부 간부회의가 취소되었다. 오후 2시 안보장관회의 때문이리라. 점심은 뛰어난 북한경제 전문가인 조봉현 박사(IBK 경제연구소)와 함께 했는데 참고할 만한 정보를 많이 얻었다.

　① 북의 경제개발구는 일단 규모가 작다. 북한도 조금 현실성을 가미한 것 같다 ② 북의 계획 중 압록강 개발구 등 가능성 있는 것은 우리가 적극 협력할 수 있는 방안을 강구했으면 한다 ③ 마식령스키장은 최초 설계를 맡은 자가 교체되고 새로 임명된 인사가 속력을 내고 있다 ④ 마식령 스키장을 내년에 개장하면 초반에는 중국 관광객들이 호기심으로 많이 올 것 같다. 대기하고 있는 사람들이 많다고 한다.

　나는 북측 인사들을 설득할 요량으로 조 박사에게 북한 경제개발구 자료들을 요청했다.

　개성공단으로 복귀하면서 올 한해를 돌이켜 보았는데 감사할 것이 너무 많다. 우리 큰 딸이 명문대에 떡하니 합격한 거, 우리 작은 딸이 이렇게 예쁘게 자라고 있는 거, 아내가 병치레 한번 없이 예쁘게 나이 들고 있는 것, 내가 개성공단에 안착한 것, 많은 감사를 느끼면서도 나는 가끔 그 감사를 잊고 산다. 물론 섭섭하고 힘든 일도 많았다. 몇몇 미운 사람도 생각났다. 그러나 감사한 일에 비하면 아무것도 아니다. 어릴 적 일들이 생각났다.

　초등학교 때 학교에서 연필을 잃어버린 일이 있었다. 모든 것이 귀한 시절, 너무 속이 상했다. 며칠 동안 연필을 찾느라 교실을 두리번거렸다. 그러다 몇 개월이 지났을까, 이번에는 새로 산 필통을 잃어버렸다. 눈앞이 깜깜했다. 엄마가 생활비를 아끼고 또 아껴서 사 주신 것이기 때문에 집에 가서 어떻게 말씀드려야 하나 생각하니 앞이 막막했다. 집으로 돌아가는 발걸음이 너무 무거웠다. 산 중턱에서 쉬면서 신에게 필통을 찾아달라고 빌었다. 이렇게 기도를 하고 필통이 "짠"하고 나타나기를 기대하면서 책보자기를 풀었으나 역시나 필통은 없었다. 그때 깨달은 것은 지난번 연필 잊어버린 것은 아무것도 아니라는 점이었다.

어릴 적 소를 길렀다. 소를 산에 풀어놓고 나는 친구들과 놀다가 해질 무렵 소를 찾아서 집으로 오곤 하였다. 어느 날 신나게 놀고 있는데 산 밑에서 고함 소리가 들렸다. 고개를 돌려보니까 우리 소가 남의 배추밭에 들어가 채소를 뜯어 먹고 있는 것이 아닌가.

깜짝 놀라 뛰어가니 밭 주인도 쫓아 올라왔다. 소 끈을 당기며 도망가기 바빴다. 소 끈으로 아무리 소를 당겨도 소는 소였다. 빨리 뛰지를 못했다. 결국 주인에게 붙잡혀 야단을 맞았다. 우리 소가 너무 미웠다. 회초리로 소 등짝을 한 대 세게 갈겼다.

그러다 몇 달이 지났을까. 이번에는 더 큰 일이 벌어졌다. 그날도 소를 산에 풀어놓고 친구들과 재미있게 놀다가 해가 져서 집에 돌아갈 때가 되었는데 소들이 보이지 않았다. 우리는 소의 워낭소리를 들으려고 귀를 쫑긋 세웠으나 아무런 소리도 듣지 못했다. 깜깜해진 늦은 시각까지 소를 찾다가 포기하고 집으로 왔다. 부모님께 뭐라고 말씀드려야 하나 걱정을 하다가 문득 지난번 우리 소가 남의 채소밭에 들어가서 내가 채소밭 주인에게 야단맞은 일이 생각났다. 생각해 보니 그건 이번 일과 비교해 보면 아무것도 아니었다. 아, 우리 소를 찾기만 한다면 가끔 남의 집 밭에 들어가더라도 더 이상 우리 소 등짝을 때리지 않으리라, 용서하리라.

의외로 엄마 아버지는 크게 걱정하지 않으셨다. 밥 먹고 있을 때 동네 어른들께서 소를 찾으러 가셨다. 나는 습관대로 일찍 잠자리에 들었다. 잠이 잘 오질 않았는데 너무 힘들어서 깜박 졸았을까 '음메' 하는 소리가 들렸다. 벌떡 일어났는데 엄마가 웃으며 다가오셔서 말씀하셨다. "주태야, 소 찾았다."

어미 소들이 산 중턱 무덤 주위에 송아지들을 중앙에 두고 빙 둘러서 누워있었다고 했다. 우리 소가 너무너무 반가왔다. 지난번 남의 밭에 무단 침입(?)한 것은 깨끗이 용서했다. 살아 돌아온 것이 너무 감사했다.

이처럼 섭섭한 마음과 미운 마음은 더 큰 감사를 만날 때 치유되고 회복되는 경우가 많다. 하물며 하나님을 믿고 구원받은 이 기쁨과 감사로 무엇인들 용서 못할까 하는 생각까지 들었다. 이 마음이 연말에 생겨나는 일회성 감정이 아니라 앞으로 내 삶에서 계속 상기되고 기억될 수 있도록 기도해야겠다. 2013년도에 내심 가졌던 섭섭함의 잔재들을 감사함으로 풀고 2014년에는 그간 베풀어 주신 은혜를 디딤돌 삼아 더 열심히 살고 감사함으로 하나님을 더 잘 믿어야 하겠다.

▶ 2013.12.17.(화)

모레 열리는 공동위원회에서 나의 역할은 무엇일까? 첫째 사무처장 회의와 실무접촉에서 논의된 사항들을 공동위원회 회의에 반영시키고 공동위원회와 정합성을 유지시켜야 한다. 둘째 현지 상황을 공동위 논의에 정확히 투영시켜야 한다. 최근 두드러진 상황 변화를 잘 정리하고 있어야 한다. 북측 근로자 배분 문제, 세금 문제, 1,300만 불 문제[33], 출입체류 문제 등이 그것이다.

특히 대통령님의 최근 발언과 관련, 북측이 '내부 문제에 간섭하지 말라, 장성택 처형 관련 불순한 언동을 중지할 것'을 강력 요구할 경우 어떻게 대응할 것인가?

'모든 정부는 자신의 안위와 국민의 생명과 재산을 지키는 것을 고유 업무로 하고 있다. 대통령께서는 우리의 안보를 튼튼히 해야 한다는 원론적 말씀을 하신 것이다.' 이렇게 답변하면 통할지 모르겠다.

개성공단이 조용하다. 김정일 위원장 사망 2주기이기 때문에 북측 근로자들이 출근하지 않았다. 그런데 북측 사무처 직원들은 일찍 출근했다. 10시 반쯤 2주기 행사장으로 갔고 오후에 복귀했다. 장성택 처형 이후 우리 TV에도 온통 북한 이야기이다. 금수산 참배에 이설주는 나타났다. 평양체육관 추모행사에 김경희는 불참했다. 점심시간에 구내식당으로 갔는데 LH 지사장과 직원들이 식사하고 있었다. LH 구내식당 북측 여직원들이 쉬는 모양이다. 반면 우리 2층 구내식당의 북측 여직원들은 모두 출근해서 일하고 있었다.

---

33) 2013년 4월 개성공단 잠정 중단 시 북한 측은 3월분 북한근로자 임금, 세금, 통신료 등을 총괄하여 대충 1,300만 불을 요구하였고 추후에 정산하면 편리하겠다는 입장을 제시하였다. 이에 정부는 5월 3일 남북협력기금으로 1,300만 불을 북측에 전달하였고 그와 동시에 마지막까지 개성공단에 남아 북측과 협상을 벌이던 7명의 잔류인원이 모두 남한으로 귀환했다. 우리 측 협상에 나섰던 홍양호 관리위원장은 당시 북측에 사후 반드시 정확하게 정산해야 한다고 거듭 강조하였으나, 개성공단 재개 후에도 북측의 소극적 태도로 정산은 이루어지지 않았다. 홍양호, 『절대로 포기할 수 없는 '통일' 화두』(선인, 2025), p.585.

▶ 2013.12.18.(수)

개성교회에서 대표기도를 했다.

개성교회에서 예배를 드린 후 찍은 사진, 중앙이 정병업 목사님, 목사님 우측이 필자

하나님 아버지,

개성공단에 빛 내려 주옵소서.

개성공단에 평화 내려 주옵소서.

벌써 한 해가 저물어 갑니다.

돌이켜 보건대 올 한해 이곳 개성공단에 우여곡절이 많았습니다. 개성
공단 가동이 중단되었을 때 저희들 모두 개성공단의 문이 열리기를 간절
히 바라고 또 기도하였나이다.

인자하신 하나님께서 저희들의 기도를 긍휼히 들으시고 능력의 오른
손으로 개성공단이 다시 가동될 수 있도록 해 주셨음을 믿습니다. 감사

합니다.

아버지 하나님, 남북의 위정자들이 개성공단의 소중함을 잊지 않도록 하여 주옵소서. 개성공단이 안전한 공단이 될 수 있도록 하여 주옵소서. 오가는 데 불편함이 없고 안심하고 투자할 수 있는 그런 공단이 될 수 있도록 하옵소서.

개성공단이 남북 모두에게 이익을 주는 호혜적인 공단이 될 수 있도록 역사하여 주옵소서.

하나님, 개성공단이 국제적 경쟁력을 갖춘 공단으로 발전할 수 있도록 도와주옵소서.

하나님 아버지,

2014년 새해 계획을 작성하는 시점입니다. 저희들이 계획을 수립할 때 먼저 하나님의 뜻을 분별할 수 있도록 하여 주옵소서. 자기 확신이나 자기 욕심을 하나님의 뜻으로 오해하지 않도록 지혜를 허락하여 주옵소서.

하나님의 뜻을 분별한 바탕 위에서 기도로 준비하고 열심을 낼 수 있도록 도와주옵소서.

그리하여 내년 2014년은 개성공단을 통해 하나님을 영화롭게 하는 저희 모두가 될 수 있도록 역사하여 주옵소서. 예수님의 이름으로 기도드립니다. 아멘.

▶ 2013.12.20.(금)

　어제 공동위원회가 열렸다. 09시경 연락관 접촉을 했는데 북측에서는 사무처장인 내가 대표단 인원으로 추가된 데 대해 문제 제기를 했다. 우리는 그에 대해 12.18 연락관 접촉에서 남측 사무처장이 참석하니 북측 사무처장도 와 주었으면 한다는 의사를 전달했고 그 후에 정식으로 명단을 전하지 않았느냐고 항의해도 북한은 막무가내였다. 북은 위원장 명의 통지문을 원했던 것 같다. 두 번째 연락관 접촉에서도 북측의 입장은 변하지 않았다. 그때 나온 우리 측 수석대표의 언급이 나에게는 놀라웠다. "그러면 이번 회의에서는 북측의 요구대로 5명이 하고 이 처장이 빠지는 것이 좋겠다. 위에서 보면 아무것도 아니다. 위에서는 속히 전체 회의를 열어서 북의 기본 발언문을 보고자 할 것 같다." 회담본부 K과장은 그렇게 서울에 보고했고 그렇게 훈령이 내려와서 11시에 회의가 시작되었다. 당사자로서 할 말이 있어도 하는 것이 적절하지 않아 보였다. 내 생각에는 우리가 조금 버티면 북이 태도를 바꿀 것으로 보였다. 자기들이 회의를 하자고 했고 사무처장의 회의 참석 문제는 북측에 그다지 중요한 일이 아니었기 때문이다. 물론 회담 전체를 책임진 수석대표로서는 나보다 더 높은 차원에서 서울의 의도를 고려하여 그렇게 판단했을 것이다.[34] 그렇지만 나는 사무처장으로서 정식으로 회담대표로 임명되었고 공식으로 북측에 통지되었는데 이러한 우리의 내부절차가 북의 부당한 요구 한 마디에 깡그리 무시된다는 생각이 들어 못내 아쉬웠다. 이것은 우리가 견지해야 할 원칙의

---

34)　지금 생각해 보면 우리 측 수석대표 판단이 충분히 이해가 가지만 그때 필자로서는 공식 회담 데뷔전을 치르지도 못하고 아웃 되었다는 생각 때문에 나름 꽤 섭섭했던 것 같다.

문제가 아닐까 하는 생각까지 들었다.[35]

▶ 2013.12.24.(화)

입주기관장 티타임이 열린다. 내가 할 말을 생각해 보았다. 키워드는 "협력하여 선을 이룬다"로 정했다.

'우리가 이루고자 하는 선(善)은 개성공단의 발전적 정상화입니다. 그러기 위해서는 각자가 맡은 바 역할을 다하면서 배려와 겸손을 갖는게 필요하다고 봅니다. 다른 기업은 어떤 처지에 있지? 한번 둘러보는 여유, 그러한 배려심이 있다면 개성공단은 보다 더 따뜻하지 않을까요. 겸손은 자기를 드러내지 않는거, 남의 공을 자기 것으로 가로채지 않는 마음이지요. 그렇게 하면 어려울 때 남들이 도와준다고 나설 것입니다. 정부는 제도개선, 관리위는 애로해소, 유관기관은 기반확충, 입주기업은 생산전념! 내년 개성공단 가동 10년, 또 다른 10년을 내다보는 2014년이 되기를 바랍니다.'

이사론을 펼치는 것도 생각해 보았다.

---

35) 개성공단 남북공동위원회 제4차 회의 결과(통일부 남북관계관리단 홈페이지 "회담별 자료" 참조)
   • 남과 북은 개성공단 정상화 합의와 재가동 이후 남북 간 합의이행 상황을 점검하고 향후 추진과제들에 대해 논의하였음.
   • RFID 공사 및 일일 단위 상시통행 조속 실시, 인터넷 서비스 등 3통 문제, 출입체류 부속합의서 채택 문제, 노무·임금 등 관리운영 문제 등에 대해 협의하고, 앞으로 분과위 등을 통해 계속 협의해 나가기로 하였음. 아울러, 우리 측은 공동투자설명회를 내년 1월말에 개최하자고 제안했고, 추후 협의하기로 하였음.

'우리 사무처가 4층에서 6층으로 이사를 했습니다. 이사는 정든 것과의 이별입니다. 이사는 새로운 환경에 대한 적응적 활동입니다. 그동안 많은 이사를 다녔지만 가장 제 기억에 남는 이사는 대학교, 고시원, 미국인 거 같습니다. 대학교는 어머니의 눈물에 대한 기억으로, 고시원은 불투명한 미래에 대한 불안감으로, 미국 유학 준비는 바쁜 가운데에 내가 할 일이 별로 없고 대부분 연약한 아내가 짐을 싸는 현실 속에서의 무력감으로!

이사는 자신을 돌아보는 계기가 됩니다. 자신의 탐욕을 깨닫는 계기가 됩니다. 새출발하는 기회가 됩니다. 지금 우리는 2013년의 애환을 떠나 2014년으로 이사를 앞두고 있습니다. 과거를 돌아보고 그 바탕 위에서 새로운 계획을 수립하고 나갈 수 있는 좋은 기회로 삼읍시다.'

▶ 2013.12.28.(토)

지난 12월 26일 처장회의는 그런대로 침착하게 대처한 것 같다. '국제화'를 컨셉으로 잡아 국제화란 사람의 국제화, 법·제도의 국제화, 국제협력체계 구축으로 정리해서 말하고 공동투자설명회 개최에 대한 북측의 입장을 물었다. 북측은 박철수가 공동위원회에서 말한 그대로 반복하였으나 우리가 먼저 일정을 제기하고 협의를 요청해 주기를 바라는 눈치였다. 그리고 사무처장의 공동위원회 위원 참여에 대한 의견을 물은 데 대해서는 사전 절차를 거치면 문제없다는 반응이었다. 회의 말미에 북한은 상사중재위원회 명단을 건네주었다.

남북관계 상황이 심상치 않음에 따라 비상 근무체제가 가동되고 나도 솔선수범한다는 차원에서 12월 27일 북 헌법절 휴일인데도 내가 상황 근무를 섰다. 저녁에 그 큰 숙소에 혼자 잠을 잤는데 약간 무서운 느낌이 들었다. 신앙심이 자꾸 약해지는 것 같아 하나님께 기도를 드리고 금새 잠이 들었다.

▶ 2013.12.31.(화)

어제 북측 처장과 송년 간담회를 열었다. 북측 과장들이 뭐를 적으려고 준비하는 것을 보고 "오늘은 기록하지 말고 편하게 이야기하자"고 제안했다. 북측 윤 처장도 "난 또 이 처장이 뭔가 건의하는 줄 알고 노트를 가져왔지"하며 노트를 덮었다. 담화는 북측 과장의 당뇨 이야기, 해돋이 이야기 등 가벼운 주제로 화기애애하게 진행되었다. "고생했어요" "새해 복 많이 받으세요"로 악수를 나누며 끝났다.

간담회 후 저녁에 서울 본부에서 연락이 왔다. 북측이 합의를 깨고 2013년 1월~3월 세금을 내라 한다는 내용이 보도된 기사자료를 보내주며 사무처에서 대북 협의계획을 작성해서 통보해 달라는 것이었다. 남북은 9월 11일 개성공단 남북공동위원회 2차 회의에서 2013년 세금을 면제하기로 합의한 바 있는데 북한이 이를 어기고 입주기업들에게 세금 납부를 독촉한 것이다. 개성공단 정상화를 앞두고 맺어진 공동위 2차 회의 합의서 제4항에는 "남과 북은 기업들의 피해 보상 및 관련 문제를 협의하고 기업들이 개성공단에서 납부하는 2013년 세금을 면제하고, 올해 4월부터 발생한 북측 근로자들의 임금 정산은 중앙특구개발지도총국과 개성공업지구관리위원회가 협의하여 처리하기로 했다"라고 명시되어 있었다. 북측은 다급한 상황에서 지난 9월 남북 회의에서 세금 면제에 합의 해놓고 이를 이행하기는 정말 싫어하는 눈치였다. 이 합의 조항은 당연히 이행되어야 하지만 사무처를 대북 대응조치의 선봉에 세우는 것에 대해서는 기분이 썩 좋지는 않았다. "업무 규정을 만들 때에는 그렇게 사무처를 꽁꽁 묶어 놓고 연락업무만 하라고 하더니!" 박 부장에게 기획단에 전화해서 정식 공문을 통해 업무협조 요청을 하라고 지시했다.

박 부장과 협의하여 다음과 같이 우리 구상을 정리하였다.

첫째, 세금면제 문제는 공동위원회에서 합의한 것이므로 공동위원회 차원에서 푸는 것이 맞다.

둘째, 나는 카운트파트가 윤 처장이므로 일단 윤 처장과 협의해야 한다.

셋째, 세무처장과 면담, 협의가 필요할 때에도 윤 처장을 통해 협조를 요청해야 한다.

넷째, 세무처장과 면담 시에는 우리 안을 가지고 협상할 수 있어야 한다.

다섯째 윤 처장이 동의하지 않을 가능성이 크므로 그때에는 관리위원회가 나설 수밖에 없고, 사무처는 북측 사무처를 통해, 서울 본부는 공동위원회를 통해 북측을 설득해야 한다.

세금과 관련하여 어떻게 북한을 설득할까, '세금면제 합의 안 지키면 개성공단 활성화 어렵다', '~안 하면 어려워진다' 이런 논리는 좋지 않다. '어려워진다고? 그러면 얼마만큼 어려워지는지 한번 해보자' 이런 식의 북측 벼랑 끝 전술에 말리면 우리만 답답하기 때문이다. 대신 다음과 같은 설득 논리를 구성해 보았다.

'왜 합의를 안 지키느냐? 합의 안 지킴으로써 입주기업들이 얼마나 불안하고 불신을 가지겠느냐? 소탐대실이란 말이 있다. 작은 것에 미련

을 가지다가 개성공단에 대한 신뢰, 귀측 당국 이미지에 먹칠을 하게
되어 결과적으로 더 큰 것을 잃을 수 있다.

  북측에 세금이 있느냐? 시장경제에는 세금제도가 오랜 역사를 가지
고 있다. 정부의 수입원이다. 이걸 함부로 휘두른 사람치고 잘 된 사람
없다. 조세저항을 받게 되기 때문이다. 대표 없는 곳에 세금 없다는 것
이 일반원칙이다. 반드시 납세자의 대표와 합의해서 거두어야 한다. 그
래서 세율 등 세금 관련 사항은 국민의 대표기관인 의회에서 법률로
정하게 하는 것이다.'

  한 해가 저문다, 올 한해 하나님의 축복이 가득한 해였다. 박사학위
논문을 마치게 하시고 고위공무원 진급 1순위로 올려주시고 큰딸을 대
학에 합격시켜 주셨으며 작은딸은 전교회장으로 당선시켜 주셨다. 무
엇보다도 이곳 개성공단에서 하나님께 기도드리게 하시고 하나님께 가
까이 다가가게 해 주신 것에 감사드리지 않을 수 없다.

4.

밀고 당기며
한 걸음 앞으로!

▶ 2014.1.4.(토)

2014년이다. 북한의 갑작스런 휴일정책 변경으로 1.1부터 1.5일까지 쉬게 되었다. 집에 있어도 멀리 갈 수도 없고 두 다리 펴고 쉴 수 있을 것 같지도 않아 개성 현지 주말 근무를 자청했다. 마침, 지난 연말에 숙소도 이전하여 잠자리도 편안해졌다. 새로 옮긴 숙소는 과거 남북경협협의사무소 직원들이 사용하던 숙소였는데 몇 년 동안 사용하지 않고 있던 것을 전면 수리하여 우리 사무처 직원들이 사용하게 된 것이다. 내가 묵는 숙소는 TV가 있는 거실과 함께 큰 침대가 놓인 깨끗한 침실도 갖추고 있었다.

휴일이라 공단이 잠잠하다. 김호년 관리위원회 부위원장이 사무실로 찾아왔다. 오전에 북측 관리위원회 협력부 원용희 부장이 부위원장 사무실을 방문했었는데, 남북 간 대화와 협력을 강조했다고 전했다. 북한 신년사에서 남북관계 개선을 강조한 이래 연일 이러한 취지의 메시지를 되풀이하여 내고 있다. 보도를 보니 조평통 강지영 서기국장도 남북관계 개선을 결의하는 글을 노동신문에 실었다.

어제 통일부 대변인은 이러한 북한의 공세에 마냥 맞장구를 칠 일은 아니라는 메시지를 보냈다. 북한의 진정성이 의심된다며 행동으로 보이라고 한마디 했다.

2010년에도 신년 사설에서 남북관계 개선을 언급했지만 천안함 폭침으로 남북관계가 악화일로를 걸은 전례가 있는 만큼 북한의 이러한 움직임에 환상을 가져서는 안 된다. 그러나 북한도 장성택 처형 이후 내부 안정이 시급하고 무엇보다 중국과의 관계 회복, 경제문제 완화가 정책과제인 만큼 작년 재작년처럼 도발 일변도로 갈 수는 없을 것이다. 특히 김 위원장이 역점 추진하고 있는 마식령 스키장, 경제개발구 정책의 진전을 위해서는 개성공단 사업을 비롯한 남북 간 경협이 필수적이라고 본다.

문제는 키리졸브 훈련에 대한 반발 등 새해 북한이 핵, 미사일 도발을 얼마나 자주 할 것인가 하는 것이다. 북한이 내부 체제 추스르기가 필요하다고 판단했으면 그것을 위해 도발을 자제하고 경제 개선의 성과를 보여주기 위해 노력하는 것이 정답이리라. 그러나 북한이 핵문제와 계획경제 시스템에 대한 특단의 조치 없이 경제성과를 거두기 어려운 것도 사실이다. 그렇게 되면 북한은 위기조성 행위에 의존할 가능성이 더 커지게 되는 것이다. 그런데 여기에서 고려해야 할 것은 김정일과 달리 김정은은 위기조성을 몇 번 사용했지만 별 재미를 보지 못했다는 점이다. 한·미·중 어느 나라도 북에게 상응한 보상을 제공하지 않았기 때문이다.

이제 변수는 첫째 북의 경제성과와 효과가 얼마나 나타날 것인가 하는 것이다. 적어도 1년간은 노력을 하는 모습을 보이다가 그것이 여의찮을 때 바깥에서 속죄양을 찾거나 비상조치를 통한 기회의 창을 모색하려 할 가능성이 높다.

둘째 중국의 대북정책도 변수이다. 중국이 지금처럼 냉랭한 태도를 보이고 김정은의 방중에 미적지근한 태도를 보인다면 북한이 중국의 뜻을 해치면서 쉽사리 위기조성의 칼날을 휘두르지 못할 것이다.

셋째 남북관계 개선 여부도 중요할 것이다. 상반기 내에 개성공단 사업이 순조롭게 추진되고 이산가족 상봉사업이 풀린다면 그래서 금강산 관광사업에 서광이 비친다면 북한은 무리수를 둘 필요성을 느끼지 못할 것이다.

우리의 대책은 무엇인가.

"북의 도발이 우리의 희망을 꺾을 수는 없다"는 것이 내 생각이다. 이러한 생각의 연장선에서 군사적 상황과 무관하게 '희망사업'은 지속되어야 한다고 본다. 희망사업이란 내가 붙인 이름으로써 경협사업과 다르다. 북한 주민들이 남한에 우호적 태도를 가질 수 있도록 하는데 필요한 일련의 경제적, 인도적 사업을 뜻한다. 농업협력, 산림협력, 개성공단 사업 등 북한 주민의 민생개선에 도움이 되는 경제사업은 물론이고 식량지원, 의료지원, 취약계층지원 등을 포괄한다. 이와 함께 중요한 것이 지식공유사업이다. 북한에게 시장질서와 가치, 지식을 교육하는 것이 반드시 포함되어야 한다.

이러한 희망사업은 북한의 도발과 무관하게 장기적으로 일관되게 추진되어야 한다. 왜냐하면 그러한 사업들은 비핵화보다 더 큰 가치를 내포하고 있기 때문이다.

이러한 관점에서 본다면 금강산 관광사업은 희망사업의 범주에 포함시킬 수 없다. 다만 개성관광사업은 대민 접촉면이 넓고 과도한 대가를 지급하지 않는다는 측면에서 긍정적으로 검토할수 있을 것이다.

▶ 2014.1.6.(월)

주말 당직을 서 보았다. 시간이 많아서 『통으로 읽는 유럽사』를 다 읽을 수 있었다. 조용히 책 읽고 묵상하기에 너무나 좋은 시간이었다. 그러나 나와 같이 근무하는 우리 직원에게는 힘들 수 있겠다. 방 부장이 이틀 연속 사무실에서 잤다. 이번 당직의 경우 토요일 점심부터 오늘 월요일 아침까지 식당이 휴무였기 때문에 식사 문제가 애로사항이었다. 그러나 토요일 저녁 KT 이 지사장이 우리를 초청해 주어서 고기를 충분히 먹었기 때문에 영양 문제는 걱정이 되지 않았다. 어제저녁 처음으로 숙소 내 운동시설을 이용해 보았는데 훌륭했다. 전화가 안 되는 게 가장 큰 흠이었다. 무전기를 들고 다녀야 했다. 틈틈이 성경도 읽고 해서 몸과 마음이 경건해지고 예수님과 좀 더 가까워진 것 같다.

어제 예배가 은혜로왔다. 저녁 8시 45분에 북측 C과장이 연락관 전화로 "통신실 작업을 하겠다"고 알려왔다. 예배에 갈 수 있겠나 싶었다. 방 부장도 숙소로 들어간 터라 잠시 망설였다. 그러나 참석하기로 마음먹고 박상돈 부장에게서 예배가 9시 20분에 시작된다는 것을 들었기 때문에 최대한 사무실 비는 시간을 단축시키고자 계속 시계를 보다가 9시 20분이 다 되어 갈 즈음에 사무실을 나와 교회로 급히 향했다. 근데 거의 교회에 다다랐을 때에 191번 짚차를 발견했다. 북측 C과장이 뒷자리에서 나를 쳐다보았다. 손을 흔들어 주다가 그가 혹시 사무실에 아무도 없는 것을 안다면? 하는 생각이 내 안으로 들어오는 순간, 갑자기 사무실 보안에 대한 염려가 확 생겨났다.

그래도 하나님께 맡긴다는 심정으로 교회에 도착하니 15명 내외의 성도들이 찬송을 하고 있었다. 소식지를 보니 예배가 9시 30분이었다. 목사님은 창세기에서 하나님께서 아브라함에게 하란을 벗어나라며 언약을 주시는 내용을 본문으로, 우리가 살아갈 때 하나님의 인도하심을 붙들라고 말씀하셨다. 나는 빈 사무실 상황이 마음에 걸려 속으로 예배가 끝난 후 친교시간은 생략해야겠다고 생각하고 있는데 목사님이 설교 도중에 "사람들은 바쁘다, 바쁘다 하면서 예배까지 빼먹고 하는데 과연 무엇 때문에 그렇게 바쁜지는 생각 안 한다. 그 일이 과연 그렇게 중요할까요?"하는 말씀을 하셨다. 그렇다. 예배를 드리는 지금 친교시간 생략할까 말까, 고민하지 말고 하나님이 인도하시는 대로 하리라. 이렇게 생각하고 예배 종료후 친교 모임에 참석하기 위해 일어서는데, 모임 장소가 예배당 2층이 아니라 예배당 1층 뒷자리였고 목사님이 설교 말씀과 달리 '바쁘지 않느냐'며 일찍 모임을 끝내 주셨다.

사무실로 복귀하니 10시 50분이 조금 넘었고 사무실 안을 점검해 보니 사람이 출입한 흔적이 없었다. 감사한 마음이 드는 한편, 나의 과도한 걱정이 남북 간 불신의 현주소를 보여주는 것 같아 씁쓸했다.

▶ 2014.1.7.(화)

어제 드디어 일이 터졌다. 북측이 세금면제 합의를 뒤집고 기업들에게 2013년 1월 1일~4월 8일 기간 분의 세금을 납부하라고 독촉하자 정부가 대응에 나선 것이다. 나는 서울의 지시대로 처장회의에서 정부 입장을 설명하고 북측 세무담당자와의 면담을 요구하였다. 북측은 우리의 요구가 사무처 기능에 관한 합의서를 벗어나는 것이라고 주장했다. 그러면서 우리가 보내는 북측 세무소 앞 문서 수령을 거부했다. 면담 여부에 대해서는 상부 보고 후 알려주겠다고 하면서 아마도 1월 20일까지는 힘들 것이라고 대답했다. 근데 난데없이 북측 A과장이 "새해 연초부터 이렇게 항의를 하는 일이 어디 있냐"고 하면서 "말싸움 한번 해볼까"라고 반말조로 나오더니 자기 측 성원들을 향해 "일어납시다"라고 분위기를 험하게 몰더니 회의장을 나갔다. 이렇게 회의는 끝났지만 내 기분은 상당히 나빴다. 북측 과장의 무례함이 내 신경을 건드렸던 것이다. 또한 북측 과장이 그렇게 나왔는데도 우리 측 그 누구도 맞대응하는 성원이 없었다는 점도 아쉬웠다. 서울로 들어오면서도 머리가 땅하니 기분이 좋지 않았다. 일단 기획단 H과장에게 전화해서 일이 이렇게 추진되는 경위를 물어보았다. 직제 만들 때 사무처는 연락업무, 위임업무만 하라고 하더니 이렇게 효과도 기대되지 않는 강공을 쓰는데 사무처를 앞장세우는 이유가 무엇인지도 물어보았다. H과장은 먼저 최근 대북 조치는 최상층의 뜻임을 강조하였다. 사무처 직제 관련해서는 웃음 띤 목소리로 미안하다고 하였다. 5시 40분 기획단에 도착하여 단장에게 똑같은 질문을 던져보았으나 대답은 비슷했다. 아무리 추궁(?)해도 속 시원한 답변은 없었다.

오늘 연락관 접촉은 간신히 열렸는데, 북측 A과장이 그 자리에서도 "논쟁해 볼까" 하면서 무례하게 나왔고 "앞으로 만날 일 없다"는 투였다.

북이 만남을 거부할 때 우리가 할 일은 무엇일까, 어떻게 대처할 것인가.

먼저 지나치게 심각하게 생각할 필요가 없다는 점이다. 박 부장 말대로 지나놓고 보면 "아무것도 아니더라"로 끝날 가능성이 클지도 모른다. 우리가 아쉬움을 많이 표명할 필요도 없다는 생각이 들었다. 합의대로 우리는 북측에 대화 의사를 타진해야 한다. 그렇게 해 본 결과, 북이 호응하여 대화를 하자고 하면 하고 말자고 하면 관두라는 식으로 나가면 된다.

앞으로 팩스, 복사기, RFID 공사 추진현황, 분과위원회 등 북측을 불러낼 수 있는 유인책과 북측과 함께 해야 할 일감은 많이 있다. 적절히 북측이 복귀 명분을 찾을 수 있도록 해 줘야 한다.

더 큰 문제는 북측이 대남 경고를 위해 나를 부를 때이다. 그때를 대비해 나의 기본 입장을 다음과 같이 정립해 두었다.

첫째, 북한이 합의를 어기고 기업에 세금을 부과한 데 대해 우리 사무처는 공동위원장 위임에 따라 당국 입장을 전달한 것이다

둘째, 북한이 합의를 위반하고 우리 기업들을 불안으로 몰아넣었기 때문에 우리 기업들의 애로를 해소하기 위해 당국자가 나선 것이다

셋째, 세금 면제는 지난 해 발전적 정상화 합의의 핵심 사항으로써 북한이 이 합의를 지키지 않는 것은 개성공단 발전적 정상화의 한 축을 허무는 것이다.

넷째, 북한은 이 사안의 중대성을 인식하고 경거망동하지 말아야 한다. 신중히 행동하는 것이 좋을 것이다.

오후 4시가 넘어서 박 부장이 복도에서 윤 처장을 만나 엉거주춤한 자세로 잠시 이야기를 나눴다고 한다. 윤 처장은 엉뚱하게 "(우리 측 박 모 연락관을 지목하며) 그 과장이 나오면 실무접촉 안 하겠다"고 했다는 것이다. 역으로 보면 다른 사람이 나오면 접촉을 하겠다는 뜻이 된다. 또 오늘 아침에도 할 이야기가 없다고 한 것을 보면 할 이야기가 있으면 나오겠다는 뜻으로 해석할 수 있겠다 싶었다.

북측 A과장이 분위기 파악 못하고 날뛰는 것일 수 있다. 박부장의 해석이 재미있다. 우리는 기업들에게 세금 내지 말라고 공문 보내고 북측 사무처는 그 문서를 회수했다고 위에 보고해서 면피하고….

그러나 그것은 안 될 일이었다. 우리가 북측 사무처를 자극하면서까지 문서를 전달한다고 부산을 떨 필요는 없지만 최종적으로는 북한이 합의를 지키도록 유도해야 하고 우리 기업들이 북한의 압박에 굴하지

않도록 해야 하기 때문에 우리는 주요 법인장들을 만나고 기업들을 방문해서 정부의 의지와 의사를 전달하는 노력을 지속해야 한다고 지시하였다.

> 북측 A과장의 거친 태도는 남북협상 과정에서 종종 있는 일이다. 관리위원회에서도 비일비재한 일이었다. "개성공단 초기에 남북 합의 과정은 맨날 싸움이었고 어느 날은 서로 감정이 상해서 대판 싸움이 났는데 북한 측 참사가 갑자기 나한테 '선생 기러다가 총격을 당할 수도 있어.'라고 협박까지 했다니까. 나중에 화해하고 사과하고 지금은 친하게 잘 지내지. 그런데 초창기에는 남북 간에 정말 험한 말도 많이 오고 가고 그랬네."
>
> — 50대(남), 개성공업지구지원재단 부장[36]

▶ 2014.1.8.(수)

오늘 아침 예상대로 북은 실무접촉에 나오지 않았다. 전화를 했더니 북은 합의 위반[37]이라는 소리는 듣기 싫었던지 "쌍방은 전화, 팩스, 사무처 인원 사이의 직접접촉 등을 통하여 업무를 수행한다"는 사무처

---

36) 홍승표, 『남북한 대립체제에서 사이공간의 탄생과 진화 –개성공단을 사례로–』 (서울대학교 대학원 지리학과 박사학위논문, 2022년 8월), p.104.
37) 사무처 운영 및 관리에 관한 합의에는 매일 아침 9시 30분에 실무접촉을 하기로 되어있다.

구성 및 운영에 관한 합의서 제4조 1항을 들어 전화로 접촉하자는 뜻이라고 했다. 우리 측 박 연락관이 나오는 실무접촉에는 나오지 않겠다는 뜻도 밝혔다. 나이 어린 박 연락관이 북측 성원들에게 말대꾸하는 것이 기분을 상하게 했나 보다.

박 연락관을 북의 부당한 요구로부터 보호해야 한다는 생각이 들었다. 대안은 처장 단독접촉을 제안해 보는 것이다. 필요시 이 단독 접촉을 자주 활용해 보자. 다만 내부 관계기관의 불필요한 오해를 사지 않도록 주의해야 할 것이다.

박 연락관 사례처럼 북측은 상대방의 나이에 민감하다. 남북협상을 하다 보면 북측 카운터파트가 종종 질문하는 것이 "나이가 몇 살이냐"이다. 자기보다 한 살이라도 어린 것으로 파악되면 형님 행세를 하려고 한다.

"북한 성원들은 얼마나 가부장적이고 장유유서(長幼有序)를 따지는지 모른다. 그래서 우리 기업들 보면 나이가 많은 남자 법인장들이 주류인데, 다 이유가 있지. 북측에서 나이 많은 남자한테는 함부로 못 하거든. 그리고 개성공단에서 북한 사람들 보면 우리 어릴 때하고 비슷한 점이 많은 것 같아. 아무래도 같은 민족이니까 비슷한데 우리보다 발전이 더뎌서 그런 것 아닌가 생각이 들지. 그런데 진짜 문제는 사회주의와 공산주의가 몸에 배어 있다는 거야. 지금은 그래도 많이 개화한 거야. 처음에는 진짜 왜 이러는지 이해도 안 되고 정말 미치겠더라니까."

— 60대(남), 개성공단 입주기업(S사) 남한 측 근로자[38]

---

38) 홍승표, 전게논문, p.173.

▶ 2014.1.9.(목)

우리 측 연락관이 9시 반, 북이 나오지 않을 것을 예상하면서도 회의실에 가 있었는데, 연락관 전화벨이 울렸다. 10시에 처장회의를 하자는 것이었다. 단 박 연락관은 빼라는 것이었다. 그래서 1+1 접촉을 하자고 역제안했더니 자기 측(북측)은 필요 인원이 나오겠다는 뜻을 밝혔다. 그래서 다시 처장 단독 접촉을 제안했다. 내가 이렇게 제안한 것은 적어도 공식적으로는 우리 측 대표로서 박 연락관이 배제되는 것을 인정하지 않겠다는 의지의 표현이었다. 박 연락관이 자연스럽게 빠질 수 있는 새로운 접촉 포맷을 제안한 것이다. 북은 최종적으로 1+1을 받았다.

자기들이 할 이야기가 있었기 때문에 우리의 제안을 거부할 수 없었으리라.

박 부장을 대동하고 갔더니 북은 윤 처장과 보위부원인 B과장이 나와 있었다. 윤 처장은 준비해 온 자료를 읽었다. 요지는 남측 사무처가 사무처 구성 및 운영에 관한 합의서를 위반했다는 것이며, 합의를 준수하라, 이런 식으로 하면 공동위가 무슨 필요 있겠는가, 우리가 마주 앉을 필요가 없다, 사죄하라, 만약 사죄하지 않으면 엄중한 후과가 있을 것이다, 이런 내용으로 우리 측에 경고한 것이다.

나는 윤 처장의 급소를 찔렀다. "그게 누구 입장인가? 윤 처장의 입장인가? 공동위원장의 입장인가?"를 물었다. 당황하던 윤 처장은 처장 입장이라고 하더니, 공동위원장도 같은 입장이라고 얼버무렸다. 윤 처장의 다음 반응이 나의 실소를 자아냈다.

"왜? 처장 입장이라고 하면 낮아서 무시하려고?"

"윤 처장, 처장은 결코 낮은 지위가 아니지요."

나는 그를 위로해 주었다. "사무처장은 현장 최고 실무자가 아닌가"라고 하면서 내가 그것을 물은 것은 위에 정확히 보고하기 위해서라고 부언해 주었다.

윤 처장은 옆에 있는 보위부 과장을 많이 의식하는 것 같았고, 우리 측에 호소하는 것 같기도 하고, 자제력을 발휘하는 것 같기도 했다. 그래서 나는 북한 측 반응이 예상보다 격하지 않고 우리가 이미 기업들에 공문을 보내서 정부 입장을 충분히 전달한 만큼 여기서 더 이상 논쟁을 벌이지 않는 것이 현명하다는 생각이 들었다. 그래서 세금 면제 관련 우리 입장을 다시 한번 상기시키면서, 북측이 지속적으로 문제제기하고 있는 사무처 기능과 관련해서는 북측의 입장을 접수하여 검토하고 추후 우리 입장을 주겠다는 선에서 정중하게 대응했다. 예수님께서 회의 내내 나와 함께 하심을 느낄 수 있었다.

동시에 우리 측 박 연락관 배제와 관련해서는 1월 6일 북측 A과장이 보인 무례한 행동을 상기시키면서 3가지 구두 합의를 제의하였다.

첫째, 상호 체제를 인정 존중한다. 둘째, 대표는 남북을 대표하여 예의를 갖춘다, 셋째, 문제가 생기면 대화를 통해 해결한다. 안 만난다는 말은 하지 말자.

특기할 점은 세금 면제와 관련해서 북측은 자신들이 12월 23일 이후 더 이상의 독촉하는 행위를 하지 않았다는 점을 강조한 것이다.

박 연락관 배제에 대해 처장이 지도력을 발휘해 달라고 하자, 윤 처장은 두 사람(박 연락관과 북측 A과장)이 해결하는 것이 좋겠다고 답변했다.

▶ **2014.1.10.(금)**

어제 관리위원장 주최 회식을 했다. 홍양호 위원장에 따르면 북측 협력부장이 찾아와서 2013년 세금은 공동위원회 차원에서 결론이 나기까지는 미결상태로 남겨 두겠다고 하면서 사무처가 왜 나서는지 모르겠다고 했다는 것이다. 윤 처장이 나한테 한 말의 취지와 일맥상통했다. 세금을 일방적으로 강행하지는 않겠다는 의미에서 보면 그나마 다행이라는 생각이 들었다.

8시쯤 회식이 끝나고 숙소로 와서 내 진급 상황이 어떻게 되고 있는지 서울로 전화해 봤다. 서울사무소에서 근무하는 최 과장이 기쁜 소식을 전해 주었다. 운영지원과 담당 사무관에게 알아보니 고위공무원단 심사는 통과했고 VIP 결재만 기다리고 있으며 다음 주 월요일경 임명장 수여 예정이라는 것이다. 바로 기도가 터져나왔다.

하나님 감사합니다. 저와 함께하여 주옵소서. 여러모로 부족한 제가 개성공단 문제를 잘 풀어갈 수 있도록 지혜를 주시고 여건을 마련하여 주옵소서. 하나님의 종으로서 하나님의 이름을 드높일 수 있도록 도와주옵소서.

▶ 2014.1.15.(수)

이번 주 기쁜 일이 연이어 일어났다. 개인적으로 1월 13일자로 나의 승진 공문이 시행되었고, 사무처에서는 박 연락관 문제가 해결된 것이다. 오후에 공단에 들어오니 박 부장이 박 연락관 문제가 잘 종결되었다고 보고해 왔는데, 그에 따르면 북측은 9시 30분 연락관 접촉을 거부했으나 오후에 박 부장이 박 연락관을 데리고 북측 A과장을 불러 화해시켰다고 한다. 우리가 꾸준히 북측 A과장의 무례한 태도 문제를 가지고 맞불을 놓았고 세금 문제도 봉합된 마당에 북한으로서도 굳이 시간을 끌 필요가 없다고 생각했기 때문이리라.

그리고 우리 측은 위임에 따라 1월 21~23일에 걸쳐 통행 시연회, 상사중재위원회, 4개 분과위원회 개최를 제안했다. 북측이 어떻게 나올지 두고 볼 일이다.

▶ 2014.1.16.(목)

어제 북에 팩스 1대, 복사기 1대를 제공했다. 이는 지난해 12월 24일 사무집기 및 비품 확인서에서 합의한 데 따른 것이다. 물품들은 남북 경협협의사무소에서 사용하던 2005년과 2007년산 제품이다. 국내가 하도 보수적인 분위기여서 이들 10년이 다 된 중고품을 제공하면서도 여러 가지가 마음에 걸렸다. 우선 이 사안을 연역적으로 진행하지 못한 것이 후회되었다. 미리 장·차관께 정식 결재를 받고 했으면 좋았을 텐데 결재를 받지 않고 서면으로 보고하는 메모 보고를 했다. 또 장·차관님이 승락하셨지만 구두로 하신 점도 아쉬웠다. 그래도 최대한 절차를 갖추자는 차원에서 상기 물자에 대해 전략물자인지 알아보게 했고 (전략물자가 아니라는 답변이 왔다), 경협협의사무소에서 우리 사무처로 관리전환을 시켜 불용 처리하는 절차를 밟게 했다.

싱기 물자를 제공한 이후 박 부장이 북측 과장을 만나서 기기가 잘 작동하느냐고 물었더니, 아직 안 해봤다고 하면서도 "감사하다"고 말했다고 한다.

▶ 2014.1.17.(금)

어제 처장회의는 1시간 10분 이상 소요되었다. 주로 윤 처장이 똑같은 이야기를 반복했지만 나 또한 합의는 지켜야 한다는 점, 개성공단은 재가동 4개월로서 발전적 정상화를 위해 최선을 다해야 한다는 점, 사무처가 개성공단 발전을 위해 나아가는 길에 생긴 여러 가지 틈새를 메우는 일을 해야 한다는 점을 강조했다. 북측의 발언 요지는 ① 통행시연회는 불필요하며, 공사가 완료되면 그냥 시행하면 된다 ② 상사중재위원회, 분과위원회는 급하지 않다는 것이었다. 북측의 피해의식, 소극적 태도가 그대로 나타난 반응이었다. 공동위원회든 분과위원회든 해 보니 남측이 계속 안건을 제기하고 합의사항(북측은 자기 측이 불리한 조건에서 맺었다고 생각함)을 왜 안 지키느냐고 추궁하는 그런 회의에 나가고 싶지 않다는 뜻으로 읽혔다. 지난 공동위원회에서도 드러났듯이 북측은 의제 고갈 현상을 보이고 있는 것 같다. 장성택 처형 이후 누가 위험을 무릅쓰고 일을 할까 하는 생각도 들었다.

어저께 박 부장으로부터 나의 성경 읽기 노력이 본부 서호 단장(문재인 정부에서 차관 역임) 등에게 도전을 주고 있다는 말을 듣고 일독 이후 다소 주춤해진 나의 성경 읽기 의지를 반성적으로 되돌아보았다. 어제 저녁과 오늘 아침 성경을 다시 열심히 읽기 시작했다. 민수기, 신명기를 다 읽었다.

재미있는 일이 하나 있었다. 북측 A과장이 어제 처장회의에 배석자로 나오지 않았다. "A과장, 어디 갔지요?" 물었더니 북측 C과장은 "안에 있어요"라고 대답했다. 책상을 치고 나가더니 계면쩍어 나오지 않는 게 분명하다.

어제 처장회의를 하면서 느낀 것은 윤 처장과 말싸움해서 이기려고 노력할 것이 아니라 북측 상부에 전할 메시지 개발에 주력해야 한다는 점이다. 그런 의미에서 생각해 보면 ① 합의사항 이행을 항상 강조해야 한다. 합의는 신중하게 하되 합의된 것은 반드시 지켜야 한다는 점을 강조하고, 그것이 신뢰의 싹이라는 점을 여러 가지 비유로, 사례로, 논리로 말해 주어야 한다. 돈을 빌리면서 1개월 후에 갚겠다고 한 사람이 상환기일이 다가오자 아무런 대책 없이 '지금 돈이 없다. 다음 달에 갚겠다'고 하면 누가 그 사람을 믿겠느냐 이런 비유도 괜찮은 것 같다. ② 입주기업들의 애로사항을 해결하자는 점을 강조해야 한다. 입주기업을 향한 원청업체들의 시선은 여전히 차갑다. 그들이 믿고 주문을 하고 투자할 수 있도록 해야 한다. 그렇게 하는 가장 좋은 방법은 합의사항들이 합의대로 이행되는 모습을 보여주는 것이다. ③ 개성공단 사업은 과거 정경분리 원칙처럼 정치적 상황과 연계시키지 말아야 한다는 점도 강조해야 한다.

▶ 2014.1.20.(월)

1월 17일 금요일 개성에서 늦게 출발하길 잘했다 싶었다. 5시에 개성에서 나올 때까지 북측과의 협의 등으로 바빴다.

오전 10시 40분경 서해 군 통신선을 통해 3통 분과위원회를 1월 24일에 하자는 북측 통지가 왔다는 보고를 받았다. 북측 군부는 지난 3통 회의처럼 이번에도 북 사무처를 패싱한 것이 분명했다. 북측 군부가 자기 측 사무처를 통하지 않고 우리 군으로 통지를 했고 우리 군에서 그 통지문을 비화팩스로 우리 사무처로 보내온 것이다. 우리 연락관이 접촉을 제안해서 북측 연락관에게 3통 관련 일정을 받았느냐고 했더니 안 받았다고 했다는 것이다. 우리 연락관은 북측 군부에서 온 통지를 알려주면서 "연락업무를 제대로 잘하라"고 질책성 발언을 해 주었다고 한다. 북측 사무처로서는 상당히 아프게 느꼈을 것이다.

얼마 안 있어 우리 직원 1명이 연락이 안 된다는 보고를 받았다. 서울에서 개성으로 갔다는데 개성 사무실에 도착할 시간이 훨씬 지났는데도 아직 연락이 되지 않는다는 것이다. 나중에 알고 보니 개성공단 입구 삼거리에서 북측 인원에 의해 입경이 차단되어 오가지 못하는 상황에 처해 있다는 것이었다. 실수로 북측의 선도차량보다 앞서 공단으로 진입하다가 북측 군인에게 제지당한 것이다. 지난번에도 유사한 일을 당한 적 있었는데 (그때에는 다른 직원이었지만) 또 반복적인 실수를 범하다니… 6시 40분이 다 되어 북 사무처의 도움을 받아 해결했다. 이런 불편을 원천적으로 제거하는 것이 개성공단 발전의 첫걸음이다! 즉 북측 통행검사소를 나와서 개성공단 삼거리까지 북측 선도차량의 안내나 북측의 별도의 통제 없이 자유롭게 통행할 수 있게 하는 것이 반드시 필요하다는 생각을 다시금 하게 되었다.

1월 19일 주일 5시에는 우리 교회 연해주사역위원회 신년하례회가 열렸다. 우리 집 앞에서 열려서 부담 없이 참석했다. 소개 시간에 좀 오버했다. 아내를 띄워주고 싶어서 "천사 같은 그애가…" 노래까지 불렀다. 이어서 사역과 관련하여 3가지를 제기했다. 첫째, 사역 대상지 문제, 즉 왜 연해주 사역인가. 둘째, 사역 시기 문제, 즉 왜 지금 이 사역을 해야 하는가. 셋째, 사역 주체 문제, 왜 우리가 이 사역에 나서야 하는가를 성도들에게 잘 설명해서 중보기도를 이끌어내야 한다고 설파했다.

권 집사의 대답이 기억에 남는다. "연해주에 가 보시면 압니다." 권 집사는 둘째 아들이 장애인이었는데 지난해 하늘나라로 갔다고 했다. 그 아픔을 딛고 씩씩하게 사역하는 권 집사님, 지금은 요양병원을 운영하는 일을 한다고 했다.

1월 20일 월요일 아침 간부회의 말미에 임명장 수여식이 있었다. 1월 13일자 VIP 명의 임명장을 장관님을 통해 받았다. 수여식 직후 가칭 "남북관계 발전 기반 강화계획"도 보고드렸다. 장관님께서 고민 많이 했다고 하시며 칭찬해 주셨다.

9월 아시아축구경기대회에 북측이 참석하겠다고 했다. 이런 분위기가 개성공단 3통 분과위원회에도 긍정적 영향을 미칠까, 3통 분과위원회의 성과를 좌우할 수 있는 세 가지 질문을 던지고 북측이 어떻게 나올까 생각해 보았다. ① 상시통행을 순순히 수용할까? ② 우리 측의 시연회 행사 제안을 받아들일까 ③ 통행과 통신을 연계할까, 인터넷과 관련해서는 어떤 입장을 갖고 나올까?

최근 북 국방위원회가 비방 중상 중지를 제안하면서 먼저 행동하겠다고 나오는 만큼 까다롭게 나오지는 않을 것이다. 더구나 우리가 군 통신선 자재 장비도 제공하지 않았는가, 특히 오늘 북측 통행검사소는 강설을 고려하여 문건통보를 배제하고 오전 시간대에는 시간 제약 없이 입경을 허용하는 유연성을 보였다. 다시 질문으로 돌아가 보면, ① 상시통행 문제는 합의할 가능성이 반반이고, ② 통행 시연 행사는 보상을 요구할 가능성이 크다. 새 자재장비를 요구할 수도 있다. ③ 통신은 일단 우리 측의 입장 변화를 볼 것이나 통행과 연계할 가능성은 낮다는 생각이 들었다.

▶ 2014.1.21.(화)

아침 산책을 하면서 박 부장과 함께 북한 인권법 이야기를 나누었다. 박 부장과 공감한 부분은 세 가지였다. ① 인권재단을 만들어서 북 인권유린 실상을 기록하는 것은 반드시 필요하다. ② 그러나 그것만으로는 부족하다. 북 주민에 대한 민생지원이 병행되어야 한다. 그것 또한 북측 주민 인권증진을 위한 가장 중요한 과제임이 분명하다. ③ 인권법은 북 주민에 희망을 줄 수 있도록 해야 할 것이다.

오늘 오찬은 산업단지공단의 아파트형공장 법인장들과 함께 하였다. 먼저 그들의 노고를 치하했다. 지난해 잠정 중단의 아픔을 극복하고 오늘에 이르기까지 그들이 기울인 노력과 흘린 땀에 경의를 표했다. "이제 개성공단은 한 단계 더 도약해야 할 시점에 이르렀다. 정부로서는 3통 합의를 이행하는 일에 최선을 다할 것이다. 이번 주 금요일에 3통 분과위원회를 하기로 했다. RFID 공사는 끝나고 망구성, 카메라 설치 등 부대 공사도 설 이전에 끝날 것이다. 넘어야 할 산도 많다. 개성공단 운영 과정에서 세금, 임금 등 남북 간 합의가 무시되는 분위기가 그중 하나이다. 합의대로 해야 한다. 그것을 하기 위해 우리가 있다. 북측에 한목소리로 합의이행을 요구하자. 여러분들도 힘을 보태 달라, 그렇게 하여 개성공단의 발전을 이루어내자" 이렇게 역설했다.

오찬 결과 법인장들은 입경시간 연장 문제가 그다지 절실하지는 않아 보였다. 일일 단위 상시통행만 되어도 엄청난 변화라는 입장이 많았다.

국제실크유통을 인수한 업체(법인장은 국제실크유통 인원이 그대로 잔류)는 설비가 안 들어와서 업무를 아직 재개하지 못하고 있다고 했다.

사무실로 돌아와 오찬 결과를 정리하다가 개성공단 연구센터를 설립하면 어떨까 생각해 보았다. 북측 박사급 인원들로 구성하고 우리가 개성공단 현안에 대한 연구를 의뢰하는 것이다. "개성공단 국제화 연구소!"

▶ 2014.1.22.(수)

새벽에 일어나서 "사무처 기능 확대 발전방안"을 궁리해 보았다. ① 중국 심천 특구 등 타국 사례 연구 ② 개성공단 관련 합의서 연구 ③ 합의사항 이행상황 점검이 검토 과제로 떠올랐다. 이번 주 처장회의에서는 지난주에 이어 금년도 사업계획 및 전망을 논의해 가는 것이 좋겠다. 북측도 지난 공동위원회 4차 회의 기본 발언문에서 "새해 2014년에 공업지구 발전을 위하여 북과 남이 공동으로 진행할 건설적인 사업 방향을 큰 틀거리에서 협의하는 것도 필요하다고 봅니다"라고 하지 않았는가.

먼저 개성공단에 대한 북측 인식을 물어보아야겠다. 우리는 중소기업들에게 새로운 활로를 열어주고 남의 자본과 기술, 북의 우수한 노동력을 결합하여 상생의 협력 공간을 창출함으로써 남북경제공동체의 실험장으로서의 역할을 기대하고 있는데 북측의 입장은?

다음으로 나의 생각은 내일 기재부 과장이 공단에 올 때 무슨 이야기를 해 줄까로 향했다. 첫째는 VIP가 국제 뉴스 배급사인 프로젝트 신디케이트 연말 특별판에 기고한 내용 중 개성공단 부분을 소개해야겠다. 이것을 이번 기회뿐 아니라 앞으로도 널리 활용해야겠다. 둘째는 개성공단은 북 현대화의 인큐베이터라는 점을 말해주고 싶다. 북의 경제개발구는 개성공단에 기반을 두고 있다. 셋째는 개성공단은 통일

대박론의 마중물이며, 평양에 대고 말할 수 있는 창이라는 사실도 강
조해야겠다.

"종업원이 오너를 이길 수 있겠어요?" 오늘 오후에 방문한 M기업의
문 법인장의 당찬 반응이다. 문 법인장이 개성에 부임한 것은 2008년.
그 이전에는 어린 동생이 법인장을 하고 있었는데 노회한 북측 여성
직장장에게 휘둘리고 있었다. 문 법인장은 질서를 잡기 위해 강단 있게
나갔고 기 싸움은 1년 이상 계속되었다. 마침내 북측 직장장이 한걸음
물러섰고 가끔 옛 버릇이 나오기도 하지만 지금은 잘 소통하는 편이라
고 했다. 문 법인장의 지도방침은 단순하고 명쾌했다. 딴 거는 다 허용
해도 "거짓말"은 용납 못 한다는 것이다.

개성공단에서 M기업과 같이 남측 여성 법인장과 북측 여성 직
장장이 함께 근무하는 경우는 흔하지 않은 사례이다. 특히 개성
공단 초기에는 북측이 여성을 하대하는 분위기가 강해서 우리 측
여성 법인장이 일하기가 어려웠다는 증언을 많이 들었다.

"개성공단 초기에 세칙을 합의하기 위해서 모였을 때 우리 쪽
담당자 중 여성이 있는 것을 보고 북한 측에서 '여성이 담당자인
가? 나보고 나보다 어린 여자를 상대하며 문제를 논의하자는 것이
냐. 윗사람을 데려오라'면서 불쾌감을 표시하기도 하고 어쨌거나
여자라고 완전히 무시했어. 남북 간 회의하는 곳에 여성이 있는
것조차도 싫어하고 그랬는데 어쩔 수 없이 함께 일할 수밖에 없잖
아. 그런데 (우리 측)여성들이 일을 열심히 독하게 하잖아. 그렇게
같이 일하면서 일이 잘되는 사례도 있고 그러다 보니 북한 측에서
도 인정하는 부분이 생기기 시작했고 업무 관련해서 대화도 많이
하게 되었던 것 같아. 시간이 지나고 나서는 북한 측에서 여성 직

장장(입주기업 북한 측 대표)도 들어오고 생각이 많이 바뀌었다는 것을 느낄 수 있었어."

　　　　　　　　　　　— 30대(남), 개성공업지구관리위원회 과장[39]

▶ **2014.1.23.(목)**

개성공단을 방문한 기재부 L과장(오달규 및 조상민 사무관 동행)에게는 먼저 고맙다는 말을 다음과 같이 전했다.

"어려운 여건 속에서도 숙소 예산을 적극 지원해 주어서 이제 보안상 아무 문제 없이 쾌적하게 지낼 수 있게 되었다. 덕분에 우리 사무처가 9월 30일 발족 이후 지난해 개성공단 정상화에 적지 않은 일을 했다. 시간이 없으니까 길게 설명은 못 드리지만 VIP 명의로 Project Syndicate에 기고한 내용 중 한 구절만 소개시켜 드리겠다."
"개성공단의 공동관리를 위한 사무처가 개성에 개설됐고 남북한 당국자가 매일 접촉을 하게 됐다. 지난 5년간 단절되었던 남북관계를 고려할 때 작지만 의미 있는 진전이었다."

오늘 처장회의는 차분하게 임했던 것 같다. 설날을 화제로 삼아 분위기를 잡고 내가 전하고자 하는 메시지를 분명히 전달할 수 있었다. 하나님께 맡긴다는 자세로 임했다. 첫째 상호 존중과 예의를 강조했다. 중간에 말 자르지 않기, 구두 통보 대신 서면 통보 등을 요구했다. 둘

---

39)　홍승표, 전게논문, p.174.

째, 합의사항 이행 점검을 사무처의 올해 업무로 제안했다. 셋째, 3통 분과위에서 일일상시통행을 꼭 이루어야 한다는 점을 지적했다. 넷째 처장회의 주 1회 개최 합의의 이행 중요성을 거론했다.

윤 처장은 몸이 아픈 듯 별 반응이 없었다. 첫째와 관련 공감을 표하면서도 자신들이 가끔 구두 전달 방식을 쓴 것은 형식 보다는 시간이 급할 때 이 방법이 더 적절해서 그런 것이라고 해명했다. 둘째, 넷째와 관련해서는 별 대응이 없었는데 셋째와 관련해서는 내일 3통 분과위원회에서 서로 양보하여 협의하지 않겠느냐는 원론적 답변을 했다.

▶ 2014.1.24.(금)

어제 기재부 관계자의 방문 행사를 통해 깨달은 것이 있다. 첫째 사실 내가 국장이라는 생각 때문인지, 별로 적극적인 생각이 들지 않았다. 그러나 기재부는 과장, 사무관의 역할이 중요한데 내가 우리 사무처 일을 좀 더 알리고 업무에 적극적 자세를 보여주었더라면 우리 과장, 사무관이 일하기가 수월할 텐데 하는 생각이 들었다.

둘째 북측 봉사원들을 식당 룸으로 불러 노래를 시키지 말았어야 했다. 혹시 누군가가 공직자들이 있는 방에서 북한 노래인 "심장에 남는 사람"이 울려 퍼지는 것을 듣고 문제 제기를 한다면 대답이 궁할 것 같았다. 앞으로 저녁에는 평양식당에 가지 않는 것이 좋겠다는 생각도 들었다.

오늘 3통 분과위원회가 열린다.

하나님 오늘 3통 분과위원회에서 상시통행이 합의되어 1월 28일부터 시행될 수 있도록 도와주옵소서. 북측의 준비가 미진하여 시간이 걸리더라도 오늘 위원회 회의에서 북측 당국자들이 그 필요성을 깊이 인식하게 해 주옵소서. 하나님, 또한 평양의 북측 수뇌부의 마음을 부드럽게 하셔서 우리 측 제안을 긍정적으로 생각할 수 있도록 도와주옵소서.

처장실에서 3통분과 대표단을 맞이했다. 이들에게 무슨 말을 해 줄까 고민했는데 하나님께서 영감을 주셨다. 번호판 가리개를 예로 들어서 원래 북측 주민들이 서울 경기 등 지역명(名)이 번호판에 적힌 것을 볼까 봐서 이 가리개를 부착했는데 지금은 우리 번호판 체계가 지역명은 없고 번호 뿐인 만큼 북측이 걱정할 아무런 이유도 없으므로 굳이 가리개를 달 필요가 없다는 논리가 좋다.

인터넷도 필시 북측이 자기 체제에 부정적인 내용이 북한 내부로 퍼질까 봐 우려하는 측면이 있으니 그러한 북측 걱정거리를 완화시키는 방안을 북측에 제시하는 것이 사업 추진에 도움이 될 것이라고 조언했다.

회담이 끝났다. 북측이 성의를 보였다고 할 수 있다. 군 통신 관련 지원요구 목록이 자꾸 자꾸 늘어나고 있어 실망이지만 다른 분야 즉 통신, 통관에서는 추가 요구가 없었다. 일일 단위 상시통행에도 동의해 왔다. 단 1월 28일 날짜에는 의구심을 표시하며 끝까지 확답을 피했다. 그러나 우리가 그렇게 발표를 하는 것에 반대하는 것 같지도 않은 애매한 태도를 보였다.

북한은 1월에 발표했던 국방위원회의 중대제안, 공개서한을 선전하고[40] 우리의 의지를 떠보는 한편, 추가 지원을 제기하고 이를 확보하는 시도의 일환으로 오늘 회의에 나온 듯했다.

---

40) 2014년 1월 16일, 북한은 국방위원회 명의로 비방중상 전면 중지, 키리졸브 훈련 중지 등 중대 제안을 전격 제안하고 1월 24일에는 공개서한을 통해 발표하였다.

오늘 북측 이선권 위원장은 여러 가지 중요한 발언들을 쏟아냈다. "개성공업지구는 북남협력의 상징" "남과 북뿐만 아니라 해외에서도 기대하는 공업지구가 되어야 한다". "남과 북뿐만 아니라 해외에서도 이 사업을 주시하고 있다. 기업인들의 얼굴에 함박꽃이 피게 해 주자."

이번 회담을 지켜보면서 느낀 것 중의 하나는 회담 운영은 서두를 필요가 없다는 점이다. 말도 서두를 필요가 없고 협상도 서두를 필요가 없다. 또한 기본 입장을 밝힐 때, 중요한 대목은 굵고 분명하게 반복해서 말하는 방식도 써먹을 만했다.

▶ 2014.1.27.(월)

점심을 신원 박성철 회장님, 정병업 목사님, 법인장과 같이 했다. 박회장은 매년 음력설을 앞두고 개성 공장을 방문해서 근로자들에게 닭 반마리씩을 주고 격려하는 자리를 마련한다고 했다. 차(茶) 마시는 시간이 되자 이런저런 에피소드가 이어져 나왔다. 회사에서 닭을 주면 그 자리에서 먹는 북한 근로자는 거의 없다고 했다. 국물만 먹고 고기는 다 싸가지고 간다는 것이었다. 여름에는 수박을 주는데 그것도 사물함에 넣어 두었다가 집에 가지고 가는데 날이 더운데 음식이 상할까 봐 걱정이라고 했다. 법인장에 따르면, 자기는 근로자 1명이 얼음을 어디서 구했는지 가지고 와서 수박하고 같이 비닐로 싸는 걸 봤다고 했다.[41]

---

41) 개성공단에서 영양사로 근무했던 김민주 작가도 식당에서 같이 일하는 북측 근로자에게 고기를 주든 주전부리를 사 와 내어놓든 그들은 먹는 시늉만 하고 금방 배부르다고 하면서 집에 있는 가족을 위해 음식을 싸가는 가슴 찡한 이야기를 전해 준다. 김민주, 『나는 개성공단으로 출근합니다』(산지니, 2019), p.156.

교회를 세울 때 있었던 에피소드도 들었다. 설계 단계를 지나 교회가 점차 형태를 갖추자 신원에서는 십자가를 반입하려고 했는데, 당시 북측 당국자가 십자가를 발로 차면서 압수하는 등 강하게 나왔지만 신원에서도 단호하게 맞대응을 해서 결국 북한의 승인을 받아내었다는 것이다.[42] 신원은 개성공단 내에서 대규모 근로자를 고용하고 있는 기업 중의 하나인데다 근로자 복지가 우수할 뿐만 아니라 세금 납부 등 실적이 좋기 때문에 북측도 함부로 하지는 못했을 것이다.

저녁에 책상에 앉아 개성공단 기업들의 애로사항을 생각하다가 아이디어 하나가 생각났다. 국회의원들이 원청업체 사장들을 불러 개성공단 투자를 간접적으로 권유하도록 건의하면 어떨까 하는 것이다.

▶ 2014.1.28.(화)

중요한 교훈을 얻었다. 무슨 일이든지 대충 해서는 안된다는 것이다. 오늘 역사적인 RFID 시범운영 행사가 개최된다. 직원의 보고만 듣고 또 서울의 기획단에서 잘 알아서 하겠지 하는 안일한 마음에서 잘 챙기지 않았는데 어제저녁 무렵 체크해 보니 본부에서 거의 신경을 쓰지 않고 있다는 것을 알게 되었다. 기자는 18명이나 오는데…. 오늘 아침 체크포인트를 다시 점검하고 직원들에게 업무를 분담시켜 주었다. 어제저녁부터 하나님께 기도드렸다.

---

42) 박성철 회장은 독실한 기독교 신자로서 2005년 5월 배우 김태희씨를 초청한 패션쇼 축사에서도 '이번 행사가 하나님의 축복 덕분에 이루어졌다'고 긴 시간을 할애하여 반복적으로 언급하였다고 한다. 김동근, 『개성 1,200일, 빛과 그림자』 (렛츠북, 2022.11.4.), pp, 99-100.

하나님, 오늘 행사가 계획대로 잘 이루어져 개성공단이 활성화되고 남북관계에 훈풍이 불게 하여 주옵소서. 저들의 마음을 어루만지사 개성공단을 위하는 마음을 주시고 행사가 차질 없이 이행되도록 하여 주옵소서.

8시 반에 우리 측 담당자들이 서울 손님들을 맞이하기 위해 CIQ로 출발했고 9시에는 부장들이 나갔다. '나도 나가야 하나' 생각하면서 화장실에 갔다 오다 복도에서 윤 처장을 만났다. 윤 처장이 "안 나가나"하면서 권하길래 일부러 "차를 같이 타고 갈 수 있나?" 했더니 자리가 없다고 했다. 사무실에 왔더니 최 과장이 사무실을 지키고 있어서 같이 가자 하고 부랴부랴 1층으로 갔더니 북측 차량이 출발 직전이었다. CIQ까지 가려면 북측 안내가 필요하기 때문에 얼른 우리 차를 타고 북측 차량을 뒤따라갔다.

기자들이 9시 반에 도착했다. 내가 간단히 인사말을 했고 박 부장이 포토라인, 유의사항을 전달했다. 기자들은 "PC zone 안으로 들어갈 수 있느냐" "세관 검사하는 것도 찍을 수 있느냐" 질문이 많았다. 북측과 협의해서 알려주겠다고 하고는 북측과 의논했더니 모두 다 O.K. 였다. 최승우 과장은 "북이 이렇게 친절한 것은 처음입니다"라며 환한 미소를 지었다. 먼저 차량들이 전자출입체계를 통해 들어오는 장면들이 촬영되었다. 이어 인원 검사 장면도 찍었다. 북측 사무처 직원 5명이 모두 출동했다. 화기애애함 그대로였다.

하나님, 오늘 행사를 차질 없이 끝나게 해주시니 감사합니다. 저들이 이 행사에 협조적으로 나온 것은 하나님의 손길 때문임을 믿습니다. 저들이 조금씩 더 변화될 수 있도록 역사하여 주옵소서.

▶ 2014.1.29.(수)

설 명절을 앞두고 있다. 우리 직원들에게는 안전을 당부하고 싶다. 성묘하러 갈 때 벌 조심하고 차 몰고 이동하는 사람들은 조급함을 내려놓고 천천히 운전하기 등도 덧붙여야 하겠다.

둘째, 명절에 TV만 보지 말고 집안일을 하라고 말하고 싶다. 부인들이 명절 증후군에 걸리지 않도록 남자들이 집안일에 나서야 한다고. 요리에 자신 있는 사람은 요리를 하되, 나 같이 그걸 못하는 사람들은 설거지와 청소만이라도 확실히 맡아서 하면 배우자의 수명이 1개월은 길어질 것이라고.

셋째, 과식 과음을 조심해야 한다는 말도 해 주고 싶다. 특히 술 잘 드시는 분은 명심하라고.

북측 직원들에게는 설 풍속도를 묻고 싶다. 성묘는 하는지, 가족들은 모이는지, 떡국은 먹는지, 세배는 하는지?

그러면서 윤 처장은 개성에 있을 텐데 술을 벗 삼지 말고 책과 생각을 벗 삼아 명절 후에는 더욱 사려 깊은 건강한 처장으로 성장했으면 좋겠다고 덕담을 건네야겠다.

어제 운동을 하고 샤워 후 수건을 닦으면서 허벅지를 보니 살이 올랐음을 느꼈다. 비육지탄이라는 고사성어가 떠올랐다. 2월부터는 좀 더 현장을 누비면서 기업들의 애로사항을 풀고 막힌 데를 뚫었으면 좋겠다.

그런데 처장회의가 불발되었다. 북측 리금철 총국장이 개성공단을 방문했기 때문이란다. 리금철은 홍양호 개성공단관리위원장과 면담을 가지기도 했다.

▶ 2014.2.4.(화)

북한이 어제 적십자 실무접촉 관련 대답을 보내왔다. 2월 5일에 하는 것으로 합의가 되었다. 이 분위기를 잘 끌고 가는 것이 필요하다.

북한의 호응은 사실 1월 28일부터 예견된 일이었다. 1월 24일 북측이 이산가족사업을 조건 없이 하자고 했고 우리 정부가 1월 29일에 실무접촉을 열자고 제안했었다. 그런데 1월 28일 RFID 시범가동 현장에 가려고 나갈 때 북측 D과장이 우리 측 박 부장에게 "우리가 실무접촉 관련 남측 제안을 받기로 했다"고 하면서 "이 사실을 아느냐?"고 했다는 것이다. 일과가 끝날 무렵 박 부장이 다시 이번에는 북측 B과장에게 물었더니 곧 통지가 남측에 갈 걸로 안다고 대답했다는 것이다. 이에 곧바로 서울로 상황 보고를 했다. 그 이후 통일부 내부에서는 한 차례 소동이 있었다고 했다. 그도 그럴 것이 그날 북측에서 아무 답도 주지 않았기 때문이다. 북측이 판문점 연락관 연장근무를 신청했을 때에만 하더라도 저녁 늦게라도 통지가 오지 않겠느냐 기대했었는데 북측 연락관이 결국 철수해 버렸고 2월 3일에야 통지가 왔기 때문이었다.

1월 27일에 있은 연평도 인근 해상 사격 훈련 때문이었으리라. 북에서 이 훈련의 중단을 요구하는 전통문을 보냈으나 우리가 훈련을 강행한 데 대한 북측의 몽니 때문이었을 것이다.

자, 이 상황을 어떻게 리드할지에 대한 나의 생각을 정리해 보자. 북한 땅 동쪽과 서쪽에 양 거점을 마련하자. 북한 측이 요구하는 금강산 관광회담에 호응하되, 대가의 투명성을 확보하는 방안을 강구해 보면 어떨까. 동시에 이산가족면회소를 가동시켜 수시로 가족들이 만날 수 있도록 해야 한다.

한국판 프라이카우프 제도를 도입하면 어떨까? 북은 지금 이산가족 상봉과 금강산 관광을 연계시키려고 안간힘을 쓰고 있다. 반면 이산가족 문제는 인도적 문제이기 때문에 둘을 연계시켜서는 안 된다는 것이 우리 측 입장이다. 그러나 이산가족문제는 한가한 문제가 아니라 이산가족의 고령화로 인해 분초를 다투는 시급한 문제가 되었기 때문에 우리의 기존 입장을 뛰어넘어 풀어가야 한다.

이러한 차원에서 나는 북한의 연계 주장을 역이용해서 이 문제에 접근해 보았으면 한다. 이른바 한국판 프라이카우프 정책을 추진해 보는 것이다.

이산가족 상봉과 금강산 관광을 정면으로 연계시켜 금강산관광을 재개하되 조건을 다음 5가지로 하는 것이다.

첫째, 이산가족면회소를 상시 운영한다. 둘째, 상봉행사를 분기별 1회 개최한다. 셋째, 금강산 관광 대가는 현금 50% + 현물 50%(비료)로 한다. 넷째, 금강산관광 신변안전과 투자보호를 위한 출입·체류 부속합의서를 체결한다. 다섯째, 상시면회 시 국군 포로와 납북자 가족을 포함시킨다.

11시경에 N기업 옥 회장이 찾아왔다. 필요한 추가 투자를 할 수 없는데 따른 회사의 애로사항을 호소하고 갔다. 5.24조치에 묶여있는 기업피해 사례였다.

▶ 2014.2.5.(수)

어제 화장실에서 윤 처장을 만났는데 오늘 보자고 했다. 무슨 일일까? 궁금했는데 오늘 10:30에 만나보니 "역시나"였다. 차량은 내부적으로 어떻게 구했는데 기사가 없다는 것이다. 우리 사무처더러 북측 기사를 고용해 달라는 것이다. 의례원[43] 2명 고용도 이야기했다. 우선순위가 어떻게 되느냐고 물어봤다. 기사가 먼저라는 것이다. "검토해 보겠다"고 하고 나왔는데, 방 부장과 박 부장 모두 부정적이었다. 어떻게 할까 고민해 보았다. 생각을 3가지로 정리했다. 첫째, 정정당당하게 대처한다는 것이다. 되면 되고 안 되면 안 된다고 분명히 말하는 것이다. 둘째, 남측 사무처가 북측 사무처에서 일하는 북측 인원에게 월급을 주기는 어려운 것이 사실이다. 만약 그 기사가 우리 측에서 시키는 일을 주로 하면서 북측 사무처 차량 운전도 곁들여 할 수 있다면 검토의 여지가 있을 수 있다. 셋째, 이와 별도로 북측 사무처가 우리에게 의존할 수 있는 창의적 방안을 찾아보도록 하자.

두 번째 사항을 좀 더 고민해 보았다. 만약 북측 인원을 고용할 경우 그들에게 시킬 수 있는 일이 무엇일까, 별로 없다는 생각이 들었다. 딱 한 가지를 제외하고는! 경협협의사무소 청소 및 관리를 시키는 방안이 생각났다. 만약 이 방안을 실제 추진한다면 우리 측 장현 과장이 일을 직접 시켜야 하니까 우리가 후보 인원 중에서 선발할 수 있어야 한다는 조건을 추가해야 할 것이다. 지금 안되더라도 북측에 희망을 주는 것이 좋은데…. 경협협의사무소 전례도 찾아봐야겠다.

세 번째 사항도 더 궁리하다 보니, 사람은 안되고 유류는 지원검토 가능하다고 하는 방안이 떠올랐다. 월 100불 상당 유류를 지원하되, 매월 지급방식이고 RFID 공동 점검에 응해야 한다는 것을 조건으로 부과하는 대안이다. 그러나 모두 당장 실현하기는 어려운 아이디어라는 생각이 들었다.

이번 일을 통해 얻은 교훈은 북이 제안하면 특히 지원을 요청할 경우 일단 어렵다고 해놓는 것이 상책이라는 것이다. 그렇게 해놓으면,

---

43) 북한을 방문하는 사람들을 전담하여 접대하는 사람을 일컫는다.

추후 해줄 수 있으면 더 좋고, 못 해주더라도 부담이 덜하기 때문이다.

▶ 2014.2.6.(목)

대통령 연두업무보고에 참석했다. 어제 이산가족 상봉 합의가 있어서인지 대통령 머릿속은 온통 통일문제와 남북관계로 가득 찬 듯했다. 모두 말씀은 골고루 하셨지만 마무리 말씀은 남북관계와 통일 이야기만 하셨다. 핵심은 최근 상황을 잘 활용해서 평화와 통일의 계기를 만들고, 통일미래세대의 통일에 대한 인식을 높이자는 것이었다.

점심까지 마치고 부랴부랴 차를 타고 출입사무소에 오니 2시 반이었다. 개성공단에 들어오자마자 처장회의를 가졌다. 오늘 연두업무보고 내용을 간략히 설명해주고 일일 상시 통행, 상사중재위원회 구성 관련 북한의 호응을 촉구했다. 끝으로 북측이 요청한 운전기사 채용 문제는 실무적으로 검토해 보니 어려움이 있음을 말해주었다. 북측 참석자들의 실망하는 표정이 역력해서 뭔가 희망 섞인 발언을 해주고 싶었으나 꾹 참고 남북이 공동으로 할 수 있는 일을 찾아 같이하면 그런 문제는 자연히 해결될 수 있으니 머리를 맞대보자고 제안했다. 회의장을 나오면서 부담감은 덜었지만 아쉬움도 남았다. 북측을 움직이게 만들고 대북 통제력을 갖기 위해서는 그들 손에 뭔가를 쥐여주는 것도 필요하기 때문이다.

▶ 2014.2.11.(화)

11시에 기업을 방문하게 되어 있다. 그런데 지금까지 수십 군데 업체를 방문했는데 지금 생각해 보니 각 기업별 특징이 잘 떠오르지 않는다. 기업 방문계획을 보다 잘 준비해야 하겠다는 생각이 든다.

이번 주 처장회의는 어떻게 활용할까? 1안은 남북 사무처 간 협력 강화 방안을 논의하는 안이다. 2안은 최근 2013년 세금면제 문제가 현안이 되고 있는 만큼 조세 법률주의를 설명하는 안이다.

2안을 택하면 먼저 질문부터 던지고 논리를 전개해야 한다. '귀측에서는 언제 세금이 폐지되었는지 아느냐, 아니 세금폐지 기념일이 언제인지 아느냐? 1974년 4월 1일 세금제도를 폐지했고 이후 매년 4월 1일을 기념일로 제정하였다고 한다. 개성공단에서는 왜 세금제도가 있느냐? 시장경제이기 때문이다. 근대사 및 현대사는 세금제도 발전의 역사라고 할 수 있다. 왜 그렇게 말하느냐고? 1776년 미국 독립전쟁의 상징적 사건인 보스턴 차(tea) 사건과 1789년 프랑스 혁명의 시작이 된 삼부회를 생각해 보라, 모두 세금 때문에 일어난 일이다. 이러한 역사적 사건을 꿰뚫는 정신은 "대표 없는 곳에 과세 없다"이다. 이것이 이른바 조세법률주의이다. 세금은 투명한 절차를 거쳐 공정하게 부과되어야 한다' 이렇게 말하면 북측 대표들이 알아들을까?

콧물감기가 떨어지지 않는다. 콧물을 홀쩍이고 있는데 2월 14일 연찬회 때 건배를 하란다. 건배사 구호로 "도전, 통일부!" 어떨까? 도전 정신이야말로 우리 부가 추구해야 할 가치가 될 수 있을 것이다. 장관님이 말씀하신 창의, 혁신, 소통, 단결, 성과 가치를 다 포괄하고 있다.

"도전! 통일부, 도전하자! 평화통일!"

우리는 과거 냉전질서 종식에 도전했고 이제는 분단질서 종식에 도

전하고 있으며, 통일 이후에는 갈등질서 종식에 도전할 것이다.

5시, 내일 판문점 고위급 회담을 연다는 소식을 TV뉴스를 통해 알게 되었다.

▶ 2014.2.12.(수)

우리 부에서 파견한 대통령 비서실의 전략비서관이 다시 통일부로 복귀한다는 뉴스가 떴다. 어떤 종편 방송에서는 남북회담(접촉) 관련 통일부의 역할에 대한 정부 내부 갈등이라고 했다. 경향신문에서는 "통일부 존재감 상실 결정타"라는 보도를 날렸다. 물론 경향신문 보도는 그 전략비서관 인사 때문이 아니라 남북고위급회담을 청와대에서 이끄는 데 대한 비판적 시각에 무게 중심이 있었긴 했다. 어떻게 하란 말인가, 청와대 고위인사들의 통일부에 대한 인식이 그토록 부정적이란 말인가?

하나님을 생각하며 잠시 묵상을 해보니 통일부 직원으로서 통일 업무를 독점하고 싶은 욕구를 내려놓는 것이 중요하다 싶다. 조직 이기주의를 접어놓는 것이다. 그 토대 위에서 하나님의 뜻대로 평화와 공의가 한반도에 편만해지고 하나님의 영광이 드러나도록 순종해야 한다는 진리를 새겨 보았다.

▶ 2014.2.13.(목)

처장회의를 좀 더 내실화하고 효율적으로 운영할 필요가 있다는 생각이 들었다. 남북의 처장이 각기 서울과 평양을 의식해 공식적인 입장(position)만 전하고 할 말을 제대로 못 한다면 이 회의가 무슨 소용이 있겠는가?

그래서 남북 처장 회의를 3부로 운영해 보면 어떨까 생각해 보았다. 1부는 공식회의로 해서 지금처럼 쌍방의 공식적 입장을 주고받는 시간으로 하고, 2부는 '내가 당신이라면' 하는 가정 아래 할 말을 하는 시간, 3부는 '우리가 파트너라면' 하는 가정하에 하고 싶은 이야기를 나누는 시간으로 해 보는 것이다. 2-3부는 당연히 기록하지 않고 허심탄회하게 이야기하는 시간을 갖자는 것이다.

2부 '내가 윤 처장이라면' 시간에 이렇게 제안하면 어떨까?

'세금 문제는 개성공업지구 활성화의 관건적 사안이기 때문에 신중히 검토할 것 같다. 어찌 됐든 남측 기업인들은 합의문에 따라 2013년 세금 전체를 면제받는 것으로 이해하는 만큼 지금부터 다음 공동위원회까지 일체 제기하지 말고 3월말 공동위원회 협의를 거쳐 4월 1일 세금제도 폐지 40주년 기념일에 즈음하여, 세금 문제는 기업인들의 요구와 기대를 감안하여 2013년 세금 전체를 면제해 준다고 대승적으로 재확인하면 기업인들의 지지가 높아지고 해외투자자들의 투자가 늘어나 생산이 활성화되어 결과적으로 세금 수입은 더 늘어날 것이다'

3부 '우리가 파트너라면' 시간에는 이렇게 제안할 수 있을 것 같다. '개성공단 국제화를 위해 "개성공업지구 국제화 연구센터"를 만들자. 남북의 연구자들이 함께 연구하면 최선이겠지만 현재의 여건으로는 우선 북측에 박사 3명, 보조 인력 및 기능인력 1명, 이렇게 선발해서 월 1회 남측 사무처가 제기하는 연구주제에 대해 발표하고 분기별 1회는 남북 사무처 간 토론주제를 발제하는 것이다. 또한 남북 사무처가 해외 인사 초청 시 국제화 연구센터 인력들이 통역 등 업무를 지원하면

될 것이다. 이렇게 되면 우리가 이 연구센터에 인력 및 노임을 지원하는데 훨씬 부담이 적을 것이다. 왜냐하면 개성공단 국제화에 기여할 수 있기 때문이다'

▶ 2014.2.19.(수)

2월 14일부터 17일까지 나흘간 긴 연휴를 마치고 개성 현장으로 복귀했다. 2월 14일은 보름이고 16일과 17일은 북한의 명절이다.

최근 읽고 있는 책은 『YES를 이끌어내는 협상법』(로저 피셔, 윌리엄 유리, 브루스 패튼 저, 장락)이다. 이 책의 핵심 내용은 첫째, 인간과 문제, 입장(position)과 이해관계(interests)를 분리시켜라. 둘째, 내면의 이해관계를 밝혀라. 셋째, 공정한 기준과 근거를 사용하라는 것이다.

6월에 있을 전세계약 갱신에 이 책의 가르침을 활용해 보자. 먼저 임대인의 전화를 기다려 보자. 어떻게 할 거냐고 물어 오면, "반반입니다"라고 해서 나갈 수 있다는 점을 시사해서 임대인의 협상력을 약화시키고, "나갈 때 나가더라도 조건은 듣고 나가죠"하면서 공을 상대방에 넘긴다.

임대인은 전세 일부를 월세로 전환해서 월 50만 원을 요구할 것이다. 근거를 물어 '이해관계'를 파악한 뒤 대안을 찾아보되, 우선은 이렇게 답해 주어야 할 것이다. 첫째, 실제 임대인 측이 주장하는 호가로 거래된 사례는 없는 것으로 알고 있다. 둘째, 월세 이율은 정해진 것이 없지만 4-5%가 보통이다. "제가 이렇게 주장하는 것은 세입자의 일방적 견해에 따른 것이 아니라 인터넷, 부동산 중개인들로부터 정보를 수집해서 객관적이고 공정한 정보를 말한 것입니다." "임대인 측에서도 공정한 계약을 원하는 것 맞죠?" 그러고는 인터넷에서 조사한 내용을 문자로 발송해 주면 좋을 것 같다.

▶ 2014.2.20.(목)

오늘 처장회의 성과는 속단하기 어렵다. 먼저 공식적인 협의부터 시작했다. 즉 상사중재위원회 개최 문제를 짚고, 다른 분과위원회 일정도 논의했다. 그리고 나서 내가 몇 가지 새로운 제안을 했다. 협상학 이론에 따라 입장(position)과 관심사항(interests)을 구분해서 논의하자고 제안했다. 이에 따라 현안 중 하나였던, 개성기업들이 북측에서 구매한 골재의 현물 지급 문제를 제기해 보았다. 북은 당연히 우리가 입장을 바꾸어야 한다고 열을 냈다. 나는 북측의 그런 태도가 바로 position에 입각한 협상이라고 짚어주고 나서, 내 취지는 각자의 관심사항을 논의해서 창조적 대안을 찾아보자는 것이라고 대응했다. 그리고 나서 처장회의를 개선하자고 했다. 2부로 나누어 1부는 공식협의, 2부는 비공식적 '허심탄회' 시간을 갖자는 것이다. 허심탄회 시간에서는 내가 당신이라면! 우리가 진정한 파트너라면! 이 두 가지 차원에서 속 깊은 이야기를 해보자고 했다. 그러기 위해서는 두 가지 원칙 ① 기록하지 않는다 ② 공식 제안이 아니라는 점을 확인해야 한다고 했다.

그러면서 북측이 관심을 가지는 기사 노임 문제와 관련 국제화 연구센터 건립 아이디어를 꺼내어 국제화 연구센터를 만들면 그곳에서 고용한 북측 기사에게 우리가 노임을 지급할 수 있다고 제안했다.

윤 처장은 나의 아이디어를 온전히 이해하지 못한 듯했다. 그는 오늘 회의에서 별로 얻은 게 없다는 생각을 하는 듯했다. 국제화센터는 시

기상조라는 입장을 계속 보이면서 기사 노임 문제는 관리위원회에 이야기해서 해결을 요청하면 어떻겠느냐 하는 의견을 지속 제기했다. 1시간 동안 이어졌던 회의는 별 성과 없이 끝났지만 북측은 흥분이 가라앉으면 나의 제안을 찬찬히 생각해 보지 않을까 기대해 본다.

▶ 2014.2.21.(금)

골재 문제 관련 본부에서 훈령이 왔다. 처장회의를 통해서 우리 측 입장을 전달하라는 것이다. 개성의 우리 기업들이 필요한 골재와 모래를 남측에서 반입할 수 있도록 북측에서 허용하고 기업들이 그간 북측에서 구매한 모래는 현물로 대가를 지불하겠다는 것이 전달사항의 요지였다. 윤 처장은 우리 입장을 듣더니 어제처럼 열을 내기 시작했다. 판매자의 뜻에 맞게 대금을 주어야지 구매자가 일방적으로 정하는 법이 어디 있느냐, 5.24 조치부터 철회하라고 목소리를 높였다.

윤 처장이 이렇게 흥분한 것은 기사노임문제 해결방안을 내심 기대하고 나왔는데 그 기대가 빗나간 데 따른 좌절감이 컸기 때문일 것이다. 또한 남측 모래 반입 제한을 철회하라는 요구를 북측 정책에 대한 공격으로 이해하고 강력 반발했기 때문이다.

그러면서 윤 처장은 이런 처장회의는 필요 없다면서 앞으로는 서면이나 전화로 하자고 협박성 발언을 반복했다.

▶ 2014.2.25.(화)

지난 주말과 월요일 많은 일을 했다. 토요일에는 청와대 H국장에게 전화해서 현지의 기업을 대상으로 한 자재 장비 분배 업무를 특정 기업에게 맡긴 이유를 물었다. H국장은, 자기는 그 결정에 관여한 바가 없다고 말했다. 일단 알았다고 대답하면서 앞으로는 개성 현지에서 그러한 공적 성격의 업무를 수행할 일이 있을 때 정부기관인 우리 사무처가 중심적 역할을 할 수 있도록 배려해 달라고 요청했다. 다음날 그러니까 주일 낮, 청와대 K과장도 전화를 해서 청와대에서는 자재 장비 분배 업무에 관여한 적이 없다고 했다.

월요일 오전 장·차관께 골재대금 문제, 사무처장 회의 개선방안을 보고드렸다. 모래 대금을 현물로 지급하는 문제는 장관님께서도 납득하지 못하겠다고 하셨다. 장관님보다 더 윗선에서 결정했다는 뜻으로 받아들였다. 장관님은 남북 사무처 해외공동방문 등 개성공단 국제화에 힘을 모아 달라고 하시면서 보고서 취지에 적극 공감하셨다. 공동위원회, 사무처, 관리위원회의 역할 분담과 상호 협력방안도 강구해 보라고 하셨다.

주말 내내 마음 한켠에 자리 잡은 걱정은 북측이 처장회의를 계속 거부하면 어떻게 하지? 하는 것이었다. 이는 믿음의 관점에서 보면 개인 욕심에서 비롯된 참으로 한심한 걱정이라고 할 수 있다. 첫째, 걱정하는 대신 기도해야 한다. 기도하면 하나님께서 반드시 평강을 주시고 그 평강 가운데 지혜를 발휘하도록 도우실 것이기 때문이다. 둘째, 설사 몇 주 동안 회의를 못 한들 그것이 뭐가 큰 문제가 되랴. 실무접촉이 지금처럼 이루어진다면 당분간은 사무처의 기능에 큰 문제가 없는데 처장회의를 계속 갈망하는 것은 처장회의를 통해 나를 드러내는 기회로 삼으려는 개인적 욕심이 결부되었기 때문이다.

오늘 아침 실무접촉에 북이 나오지 않고 전화로 협의하자고 했다. 사정이 있어서 그런다고 했다. 이럴 때일수록 약한 모습을 보여서는 안 된다. 의연하게 대처하되, 매일 실무회의, 매주 처장회의를 개최하기로 되어 있는 합의사항의 이행을 지속 요구해야 한다.

북측의 회의 기피에 대한 대책은 무엇일까?

첫째, 접촉면을 넓혀야 한다. 북측 사무처만 쳐다봐서는 안 된다. 사무처 이외 통행검사소도 주요 접촉 대상이 될 수 있다.

둘째, 경직된 접촉 방식은 지양하여야 한다. 예를 들어 '우리 정부의 기본 입장은 북측의 모래 반입 제한조치를 철회해야 한다는 것이다'라고 하는 대신 '최선의 방안은 개성공업지구 기업들의 생산활동이 잘 되도록 돕는 것인데 이를 위해 귀측이 모래 반입 제한을 푸는 것을 대안으로 검토해 보았다. 가능한지? 어떤 어려움이 있는지?'라고 타진해보는 것이다.

셋째, 북측 사무처의 회의 기피행위에 부담을 주는 조치가 있어야 한다. 중요한 전달사항을 사무처가 아닌 군, 통신관계자에게 먼저 전달하는 방식은 북 사무처에 타격을 가할 수 있지 않을까, 또는 공동위원회나 3통 분과위원회에서 북 사무처의 불성실한 합의이행을 상정하고 따져야 한다.

오후에 박 부장이 우연히 윤 처장을 만났는데 윤 처장이 다시는 처장회의를 안 하겠다고 했다는 것이다. 1~2개월은 갈 것으로 예상해야 할 것이다. 『협상의 10계명』에 따라 NPT (Negotiation Preparation Table)를 작성해 보았다. 필요한 것은 전 직원이 지혜를 모아 우리가 가진 수단을 총동원하여 북측의 전술을 깨뜨려 나가는 것이다.

협상 준비 테이블을 작성하면서 생각해 보니 우리의 가장 중요한 베트나(BATNA, Best Alternative To a Negotiated Agreement, 협상 결렬 시 대안)는 북측 사무처가 회의에 나오지 않더라도 우리 남측 사무처는 할 일이 많이 있다는 것을 보여주는 것이다. 그리고 그러한 우리 사무처의 베트나가 북측에 부담을 주도록 해야 할 것이다. 일단 우리 기업들을 1주일에 2~3회 방문하여 정부 입장을 전달함으로써 기업을 상대로 한 북측의 각개격파식 임금 상승 시도를 차단해 가 보자. 북측이 반드시 부담을 느낄 것이다.

속보가 떴다. 어젯밤 북 경비정이 연평도 인근 NLL을 3차례 침범했다는 것이다. 별일이 없기를 기도했다.

협상준비 테이블

의제	북측의 처장회의 거부 문제	
구분	남측	북측
입장	처장회의 정기 개최	당분간 거부
욕구	- 당국입장 전달 - 북측 상황 파악 - 처장회의 성과 대내외 홍보	- 지원 확보 (지금까지 별 도움이 안되었다고 판단) - 남측 상황 파악
숨은 욕구	- 개성공단 사업 관련 북측 설득 - 사무처 위상 강화	- 회의 거부 등 압박하면 더 많은 지원 확보 가능 - 개성공단에 대한 남측 정부 정책 변화 압박 - 북측 사무처 지위 유지
기준 근거	합의서	- 합의서 - 개성공단은 북측이 남측에 베푼 시혜적 조치
베트나	- 기업과의 소통을 통해 정부입장을 전달하고 기업들의 대북 단합 유도 - 통행검사소와의 원만한 관계를 통해 북측 사무처를 우회적으로 압박	- 남측 사무처 패싱 - 우리기업을 직접 상대하며 노임상승 등 압박
창조적 대안	- 북측의 부담을 가중시키던서 유인책 발굴 - 대북정책이 허용하는 범위에서 효과적 지원	

▶ 2014.2.26.(수)

북측이 오늘 실무접촉에 적극적으로 나왔다. 오전 정기접촉을 했고 오후에는 실무접촉을 제의해서 2월 28일 접촉에 군 대표가 나오지 않는다는 사실과 KT-개성 전화국 간 라우터가 꺼진 점 등 관련사항을 우리 측에 통지까지 해 주었다. 이러한 북측 태도는 북측 사무처의 선의라기보다는 윗선의 지시가 있었기 때문일 것이다. 그리고 사무처장회의 외에는 그럭저럭 일을 하겠다는 의지로 평가할 수 있겠다는 생각도 들었다.

그러나 최근 북측의 동향이 심상치 않은 것은 사실이다. ① 통신실무접촉(2.7) 합의를 뒤집었다. 당초 북측이 IP와 ISP 역할을 하되 우리 측의 통신보안 대책을 보장하기로 해놓고 사업자 접촉에 와서는 이를 무시하고 다시 합의서를 협의하자고 했다. ② 3.1부터 2주간 RFID 시범사업의 일환으로 차량 번호판 가리개를 떼기로 합의해 놓고(2.21) 2.25에 갑자기 이 합의가 사실과 다르다고 하면서 파기했다. ③ 개성전화국-KT라우터를 꺼 놓은 것과 관련, 있지도 않은 말단 프로그램 오작동 이야기를 꺼내며 우리 측에 책임을 전가했다. 이러한 북측 최근 동향에 나타난 특징은 합의를 뒤집고 있다는 것이다. 그러면서도 판은 깨지 않으려고 상황을 적절히 통제하려 한다는 점이다.

▶ 2014.2.27.(목)

오늘 실무접촉에서 남북 간 입장이 팽팽하게 부딪혔다고 했다. 우리는 처장회의 불응 등 북측의 합의 위반을 엄중히 인식하고 있다고 하면서 향후 처장회의 일정을 요구했고 북측은 처장회의 관련 당분간 불응 입장을 밝혔다. 그런데 들어보니 북측 주장이 그다지 강해 보이지 않았다. '당분간'이라는 조건을 달았고, 필요할 때에는 하자는 것이며, 할 때에는 의제를 사전 제기하자는 조금 황당한 제안이었다.

점심 식사를 하러 가다가 식사하고 복귀하는 윤 처장과 북측 직원들을 복도에서 만났다. 일순간 침묵이 흘렀다. 박 부장이 "점심 메뉴는 어땠느냐" 물었더니 북측 과장은 "선택해서 먹었지"라고 대답했다. 어색한 동문서답식 대화를 잠시 나누고 헤어졌다.

▶ 2014.2.28.(금)

어제 오후 현장 분위기는 드라마틱하게 변했다. 그동안 북측이 모든 합의를 뒤집는 모양새를 취하는 바람에 분위기가 매우 안 좋았으나 북측이 인원 출입 관련 RFID는 예정대로 하려 한다는 첩보를 입수하였고 통행검사소에 가서 방영철 통검소장에게 이 사실을 확인한 것이다.

방 소장은 차량번호판 가리개 제거는 연기하지만 출입인원 전자출입 시범운영은 예정대로 한다고 했다. '북측 사무처는 그렇지 않던데…' 하니까 방 소장의 답변이 걸작이었다. "국방위 정책국에서 한다는 것은 하는 겁니다" 총국이든 북측 사무처가 뭐라 하든 상관없다는 투였다.

오늘 통일부 손 서기관이 와서 현장 실사를 했다. 북측 요구수준은 많이 낮아졌다고 했다. 협의는 잘 끝났다. 내일부터 시범운영은 시작된다. 개성전화국-KT라우터도 연결되었다. 이것은 사실 북측 체신회사와 북측 사무처가 이런 핑계, 저런 핑계를 대며 연결을 미루던 것인데, 이 또한 국방위 정책국의 지시를 따라 통행검사소가 해결한 것일까.

▶ 2014.3.4.(화)

　북측과의 협상에서 원칙을 지킨다는 것은 무엇일까? 처장회의에 연연하지 않되 북측에 합의이행을 촉구하는 것이 아닐까 싶다. 회의가 개최되면 무엇을 의제로 제기할 것인지 준비해 두어야 한다. 그리고 지난번처럼 길게 교육용 멘트를 날리는 것은 적절하지 않다. 상사중재위원회만 짚고 회의장을 뜨는 것도 한 방법이다. 3월 중에는 인터넷 구축, 일일 상시 통행에서 진전을 이루어야 한다. 그리고 세금, 노임 문제 등 관리 운영상의 문제에 대해서도 협의, 해결방안을 찾아야 한다.

▶ 2014.3.5.(수)

　북측 처장과 회의를 하기 위해 무리수를 둘 필요가 없다는 생각이 들었다. 주님의 방식이 아닌 방식으로 해 봐야 곧 탈이 나게 될 것이기 때문이다. 원칙을 지켜야 한다. 처장회의는 조건 없이 할 것을 요구하자. 그것이 합의이기 때문이다. 커피 같은 일상용품은 수시로 지원하도록 고려하자. 운전기사 노임 제공 문제는 원칙이 필요한 일이다. 운전기사가 어떤 일을 어떻게 하느냐에 따라 우리가 노임을 제공할 수도 있고 못할 수도 있다. 개성공단 국제화와 기업 애로사항 해소에 동참한다면 지급할 수 있을 것이다.

　우선은 입주기업을 자주 방문하여 북측의 신경을 건드릴 필요가 있다. 그런 차원에서 오늘은 의류를 생산하는 A개성을 방문하고 왔다. 근로자를 제대로 공급받지 못해 몸살이 난 케이스였다. 이 기업뿐만이 아니다. 2007년 이후에 입주한 기업의 한결같은 문제였다. 근로자가 곧 수익인데 뒤에 입주하는 바람에 근로자도 제대로 공급 못 받고 그나마 받은 근로자는 고령의 남자가 대부분이어서 답답한 것이다.

이제 곧 2014년 근로자 추가공급이 이루어지는데 북측이 근로자 공급을 미끼로 급격한 임금인상을 꾀하고 있는 것이 문제였다. 기업들은 근로자를 더 확보하기 위해 웃돈을 주고서라도 근로자 공급을 원한다. 그렇게 되면 임금인상의 도미노 현상은 불가피해질 것이다. 질서 있는 교류협력이 무너질 수 있는 순간이다. 정부의 대책은 무엇인가?

정부의 개입원칙은 첫째, 남북 간 합의가 지켜지도록 하는 것. 둘째, 교류협력이 질서 있게 이루어지도록 하는 것. 셋째, 시장원리를 존중할 것 등이 되어야 하리라. 나는 우선 A기업 법인장에게 정부의 첫째, 둘째 원칙을 강조하면서 그를 격려했다. 그때 북측 인원이 왔다 갔다 하면서 부지런히 나의 발언을 메모하는 것을 눈치챌 수 있었다. '그래, 부지런히 메모해서 상부에 보고해라. 그래야 북측 사무처 성원들이 부담을 느낄 테니까' 이렇게 생각하며 발언 톤을 조금 더 높였다.

개성공단의 노동력은 2007년과 2008년 대규모 노동력의 투입 이후 점차 공급 규모가 줄어 2014년에 이르면 정체 상태에 놓여 있었다. 특히 2009년 이후에는 3,500명 정도의 순증 규모만이 유지되고 있었다. 그런데 연간 자연퇴사 인원이 1,500~2,000명 정도 발생하는 점을 감안하면 연 2,000명 수준의 노동력만 공급되어 노동력 부족 현상이 발생하고 있었다. 이는 개성시 인구가 외곽까지 포함해도 20~30만에 불과하기 때문이다. 임금이 낮은 까닭에 근로자 숫자가 곧 수익인 기업으로서는 근로자 확보에 신경을 곤두세울 수밖에 없었다. 근로자가 부족한 상황에서 개성공단 노사관계는 근로자 중심으로 전개되었고, 근로자 공급 문제가 북한 당국의 협상력을 높이는 수단이었다. 2012년 9월 1일 우리 측 법

인장회의에서는 "최근 신규 입직 북측 로력의 배치에 대하여 입주기업이 이해하기 어려운 배치가 되었습니다. 일부 기업에 지나치게 편중되어 로력을 기다리는 입주기업에게 심각한 실망과 허탈감을 안겨 주었으며, 귀 위원회의 로력배치에 대해 깊은 불신이 생기고 있습니다"라는 입장을 관리위원회에 발송하였다.[44]

노동력 부족 문제를 해결하는 근본적 방법 중의 하나는 기숙사 건설이다. 이와 관련하여 2006년경부터 기숙사 건설 문제가 남북 당국간에 논의되기 시작하였다. 필자도 2006년 개성공단 사업지원단 개발기획팀장으로서 이 업무에 관여하여 북측 후보 부지를 3~4군데 답사를 하였는데, 한번은 남측 주민 접근이 전혀 허용되지 않았던 지역까지 북측 차량을 타고 들어가 보는 경험을 했다. 마치 내가 어릴 적 자랐던 수십 년 전 시골 마을을 연상케 하는 광경이 연출되었는데 사람들이 추워서 그런지 양지바른 곳에 옹기종기 모여있는 모습과 여기저기에서 북측 군인들이 자기 키만한 총을 들고 군사훈련을 하고 있었다. 북측이 공단으로 인해 군사력 배치를 후방으로 물렸다는 말이 빈말이 아닌 것 같았다. 이러한 남북 간 협의를 통해 2007년 12월 21일 개성공단협력 분과위원회 제1차 회의를 통해 남북은 "2008년 상반기 내에 1만 5천여 명 규모의 북측 근로자 숙소를 착공하고 추후 남북협의를 거쳐 단계적으로 숙소를 추가 건설"하기로 합의하였다. 그러나 이명박 정부 이후 후속 절차가 지연되었고 5.24 조치로 인해 모든 논의는 중단되었다.

---

44) 박천조, 『개성공단 노사관계 연구』(북한대학원대학교 박사학위논문, 2014.7), pp.48-56. 참조

▶ **2014.3.6.(목)**

오늘 북측이 처장회의에 응해 올까? 나는 나름대로 추론을 해보았다.

첫째는 그간 처장 회의 거부를 통해 우리 측에 강경 메시지를 충분히 전했다고 판단하고 오늘 처장회의에 나올 가능성이다.

둘째는 처장회의가 우리로부터 받을 수 있는 지원에 대한 기대의 함수라고 봤을 때 현 정세에서 북측이 처장회의에 나와서 지원받을 수 있는 것이 없기 때문에 나오지 않을 가능성이다. 이렇게 본다면 2월까지 북측이 처장회의에 나온 것은 자동차, 일상용품, 기름, 기사노임 등 북측 사무처 운영에 대한 지원 기대와 함께 개성공단 현안 관련 메시지 전달 수요가 있었기 때문인 것으로 풀이된다. 그 가운데 지원 기대가 좌절되자 '회의 거부'를 선언하고 나오면서 남에 대한 압박을 가하고 있는 것이다. 북한이 우리의 적십자 접촉 제의를 거절했고 키리졸브 훈련도 오늘까지 진행된다는 사실에 생각이 미치자 북한의 처장회의 거부 가능성이 더 높게 보였다.

그런데 북한이 처장회의에 나왔다. 우리 실무자들이 북측 실무자들과 라포를 형성하기 위한 노력을 꾸준히 해 왔는데 그 결실일까, 그러나 다시 한번 생각해 보니, 그것보다는 우리 측의 베트나가 영향을 미친 결과로 해석하는 것이 맞을 것 같았다. 우리가 꾸준히 입주기업을 방문하고 다니면서 남북 간 합의와 정부의 가이드라인을 기업 관계자들에게 강조했고, 각 기업의 북측 직장장이나 총무가 우리 사무처의 이러한 동향을 상부에 보고했을 것이고, 북측 상부에서는 남북 처장회의 개최를 통해 우리 사무처의 행위를 제어할 필요를 느꼈을 것으로 추론해 보았다. 윤 처장이 오늘 회의에 나와서 우리 측에게 기업방문 시 사전 통보해 달라고 한 것은 이러한 나의 추론을 뒷받침하는 것이라고 본다.

그 외 북측이 회의에 나와서 한 이야기는 경고성 발언이 대부분이었다. 모래 결제 수단 관련 미국 제재 앞잡이 노릇하지 말라, 또한 기업방문 시 사전 통보해 달라는 것 등이었다. 즉 북측 사무처는 우리 사무처의 베트나에 부담을 느껴 한 달도 못 버티고 처장회의에 나오긴 했지만 남측의 행태에 대한 경고 및 교정성 발언을 통해 참석 명문을 찾으려 했던 것으로 보였다.

▶ 2014.3.10.(월)

지난 금요일 장관께 연두업무 보고를 차질 없이 드렸다. 만찬은 대송에서 있었다. 만찬 시 간부들이 돌아가면서 업무보고 후속논의를 이어갔다. 나는 '통일주간행사이든, 통일교육주간행사이든 VIP가 할 수 있는 프로그램을 짜드려야 한다. 카터 전 대통령이 재임 시절뿐만 아니라 재임 후에도 빼먹지 않고 주일교사를 했듯이 VIP께서 통일교육 교사를 하는 것이 하나의 방법이 되겠다'는 요지의 발언을 하였다. 구체적 이행방안을 제시하지 못한 것이 아쉬웠다.

오늘 다섯 시가 넘어 상사중재위원회 개최 제안이 들어왔다. 서면으로!

윤 처장이 언젠가 말했듯이 상사중재위원회는 시기를 보고 있다고 했는데, 키리졸브 훈련의 종료를 기다린 것일까. 그렇다면 고위급 접촉, 3통 회의도 이어질 수 있을까?

하나님 아버지 감사합니다

지난 2월 이산가족 상봉행사를 비롯하여 남북관계를 붙들어 주시니 감사합니다. 개성공단 생산액이 새해 들어 지난해 수준을 회복하게 해 주시니 감사합니다.

"여호와께서 집을 세우지 아니하시면 세우는 자의 수고가 헛되고 여호와께서 성을 지키지 아니하시면 파수꾼의 깨어 있음이 헛되도다" 말씀하신 하나님 아버지,

하나님께서 남북관계와 개성공단에 베푸신 이 은혜가 지속가능할 수 있도록 직접 붙들어 주옵소서.

외부 정세의 변화에 흔들리지 않게 하여 주옵소서.

무엇보다 제가 하나님의 뜻에 순종하게 하옵소서.

그러기 위해서는 제 욕심을 내려놓을 수 있어야 할 줄 믿습니다.

하나님 말씀으로 제 심령을 무장시키고 말씀에 귀를 기울이게 하옵소서.

주님의 세미한 음성을 듣게 하여 주옵소서.

듣고 순종하게 하옵소서.

하나님 아버지,

중보기도하게 하옵소서.

아직도 적지 않은 기업들이 주문 부족으로 또 생산성이 오르지 않아 어려움을 겪고 있습니다. 그들이 하루빨리 경영을 정상화할 수 있도록 지혜와 능력을 부어 주시옵소서.

아직도 북측 인원들과 협상하고 당당히 뜻을 펴는데 어려움을 겪고 있는 남측 주재원들도 있습니다. 북측의 부당한 요구에는 피할 길을 주시고

상생의 공간을 찾을 수 있는 담대함과 기회를 허락하여 주옵소서.

하나님 아버지,

통행 통신 통관 3통 제도가 합의대로 실현되어 우리 기업인들이 기업활동을 하는 데 불편이 없도록 하옵소서.

개성공업지구 국제화의 든든한 발판이 속히 마련될 수 있도록 도와주시옵소서.

개성공업지구 각종 제도가 국제적 기준에 맞게 개선될 수 있도록 하시며, 개성공업지구가 남과 북뿐만 아니라 해외 유수기업도 함께 참여하여 공동 번영의 결실을 나누는 협력의 공간이 될 수 있도록 축복하여 주옵소서.

예수님께서 우리를 위해 땀방울이 핏방울이 되도록 기도하셨듯이 저희들도 입주기업을 위하여 그리고 개성공단을 위해 마음을 담은 중보기도를 쉬지 않게 하옵소서.

▶ 2014.3.13.(목)

막내가 학급 반장선거에서 떨어져서 펑펑 울었다고 했다. 그 말을 들으니까 가슴이 아파 왔다. 사전에 기도해주지 못한 것이 마음에 걸렸다.

교회에 갔는데 본문 말씀이 베드로전서 1:6-7절 말씀이었다.

"잠깐 고난이 있을지라도 곧 영원한 기쁨이 온다. 믿음을 가지라"는 말씀이었다. 막내가 이 어려움을 이겨내는 데 도움이 될 것 같아서 전화로 그 구절을 읽어보라고 당부했다.

오늘 첫 상사중재위원회 회의가 열렸다. 8시 40분쯤 대표단이 도착했다. 3가지를 당부했다. 그들이 잊어버리지 않도록 전(전략적 설득) 당

(당당하게) 포(표현), '전당포'라고 이름 붙여 주었다

첫째, 전략적으로 설득할 것.

그간 북측과 회의를 하면서 내 나름대로 찾아낸 남북 간 공감대는 세 가지. 첫째는 합의사항 이행, 둘째 개성공단의 국제화, 셋째 개성공단의 발전적 정상화인데 회의가 막힐 때마다 이 세 가지 남북 간 공통분모를 전략적으로 활용하여 돌파구를 마련해 볼 것!

둘째, 당당하게 임할 것.

대한민국의 대표로서 주눅 들지 말고 대화할 것. 대통령 비난 또는 정책 비난이 있을 때는 적절히 차단하는 것도 필요하다.

셋째, 표현은 정확하게 할 것.

평양까지 우리 의사를 잘 전달하기 위해 말을 너무 빠르게 하지 말고 마이크를 정확히 사용하여 또박또박 말할 것.

상사중재위원회는 첫 회의를 했다는 것 외에는 별다른 의미가 없었다고 해야 할 것 같다.

북측은 중재규정안을 제안하지도 않았을 뿐만 아니라 우리가 준비해 간 안을 접수조차 하지 않았다. 중재규정의 규정이라는 용어에 집착하여 최고인민회의 상임위원회가 규정 제정권을 가진다는 황당한 주장을 했다.

그래도 △상사의 의미 △관할범위 △당사자 적격이라는 쟁점 현안을 제시한 것은 긍정적 측면이었다. 결국 다음 회의 날짜도 잡지 못한 채 끝났다.

그간 개성공단에서 회의를 할 때에도 남북회담본부에서 연락, 보고, 대표단 지원 등 회담 운영 업무를 해왔으나 내가 강력히 주장하여 이번 회담부터 우리 사무처가 그 일을 책임지고 지원하게 되었다. 그 결과 남북회담본부 직원의 방북 인원수가 줄고 사무용품이 절약되었으며 행정의 효율성이 제고되었다. 그리고 회담 운영 측면에서 보아도 별

탈 없이 진행되고 마무리되었다고 할 수 있다. 저녁에 직원들을 불러 맥주[45] 한 잔씩 할 수 있도록 자리를 마련해 주었다.

▶ 2014.3.18.(화)

돌이켜보니 지난 주말은 너무 세속적으로 살았던 것 같다. 아내와의 관계, 아이들 교육 문제에 대한 처신, 아이들을 무식하게 꾸짖었던 모든 행동을 회개하고 싶다.

오 하나님, 용서하여 주옵소서.

토요일에는 최보선 수석님 가족과 부부 오찬을 했다. 아이들 이야기 외에 기억에 남는 것은 소설을 많이 읽어 반추하는 기회를 자주 가지라는 충고였다. 그리고 북측에 유류를 제공하더라도 큰 레버리지가 생기지 않을 것이라고 하면서, 북측이 약속을 안 지켜 우리가 기름을 안 주면, 온갖 비방, 마타도어를 통해 우리를 굴복시키려 할 것이라는 조언은 내가 미처 생각하지 못한 좋은 포인트였다.

---

45) 개성공단 내 남측 식당에서는 생맥주를 팔지만, 북측이 운영하는 식당에는 보관 등의 이유로 생맥주를 팔지 않는다. 주로 대동강 맥주를 많이 먹는 편인데 쌀과 보리의 함량에 따라 1번~7번까지 분류되며 2번 맥주가 가장 많이 유통된다.
   • 1번: 보리 100%로 만들어진 전통적 맥주
   • 2번: 보리 70%, 흰쌀 30%로 만들어진 부드럽고 상쾌한 감이 특징
   • 3번 보리 50%, 흰쌀 50%로 만들어진 쓴맛과 부드러운 맛이 특징 (이하 생략) (개성
      공업지원재단, 『개성공단 산업·생황 용어집』 p.97.)

저녁에는 이봉조 전 차관님 빈소를 찾았다. 내가 조문객들과 이야기하면서 너무 자주 웃지 않았나 반성이 되었다. 빈소인데!

3월 17일 어제 공단에 복귀했는데, 3통 관련 추가 자재장비가 의결 직전이라고 보고받았다. 내가 서울에서 일어나는 주요 동향을 놓치지 말라고 그렇게 주의를 주었건만 우리 사무처 직원들이 또 놓쳤나 보다. 서울에서는 우리 사무처의 의견을 고려하여 유류 제공 규모를 조금 늘리기로 결정했다고 한다. 하나님께 감사기도 드렸다. 하나님의 뜻대로 사용하게 해 달라고 기도드렸다.

오후에 입주기업인 홍익을 방문하였다. 앉아서 막 이야기를 들으려고 하는데 윤 처장과 북측 관계자들이 들어왔다. 뜻하지 않게 남북 사무처가 같이 기업 현장을 방문한 셈이 되었다. 법인장이 긴장한 탓인지 아니면 성격이 원래 그래서 그런지 말이 느려졌고 약간 더듬거렸다. 그래도 할 말은 다 한 것 같았다.

그의 말을 요약해 보면, 직장장 대표가 새로 온 이후 생산성이 떨어졌다. 직장장이 종업원만 생각하고 회사는 거의 생각하지 않는 것 같다는 생각이 든다는 것이다.

윤 처장은 미리 공부하고 온 듯, 노동보호 세칙까지 인용하며 홍익의 근로조건이 열악함을 부각시키려 했다. 현장에 가보니 근로조건이 그다지 열악하지는 않았다. 1층에 갔을 때 직장장 대표가 "사무처가 이런 일을 할 기관이 아닌 것 같다"고 했다. 윤 처장이 사전에 시킨 것이라는 우리 측 한 인원의 분석이 설득력 있게 들렸다.

오늘처럼만 남북이 현장에서 협력한다면, 북측에 유류를 제공해도 아무 문제가 없을 것 같다. 오늘도 느낀 것이지만 윤 처장은 우리말 문법에 서툰 것 같았다. 윤 처장이 노동규정을 인용할 때 내가 불쑥 그 규정의 "주어가 누구냐?"라고 묻자 당황하다가 급히 언성을 높여 다음 말을 이어가는 모습을 보였는데, 지난 사무처 개소 초기에도 합의서

문구를 논의하다가 지나가는 말로 "윤 처장, 국어 공부 더 해야겠다"라고 했는데 반박하지 못한 채 얼굴을 붉히는 일이 있었다. 앞으로 필요할 때 문법 문제로 윤 처장을 골려줄까 하는 생각이 들었으나 좋은 방법은 아닌 것 같았다.

오늘 현장 분위기 조성에 북측 A과장이 노력한 것 같다는 보고를 받았다, A과장이 가끔 무례한 행동을 하긴 해도 아는 것이 제일 많고 깨어 있는 친구였다.

윤 처장이 공부하고 온 세칙이 무엇인지 알려면 개성공단에 적용되는 법체계에 대한 상식적 이해가 필요하다. 개성공단에는 남한의 법규와 북한의 법규, 그리고 남북 간 합의서가 함께 적용되는 공간이다. 왜냐하면 이곳은 남북 공동의 개발지역이기 때문이다.

우리 측 법규는 개성공업지구지원법을 필두로 시행령, 시행규칙이 있다. 물론 개성공단 사업도 남북경협사업으로써 남북교류협력법과 남북협력기금법의 적용을 받게 되어 있다.

북측 법규는 개성공업지구법과 개성공업지구 규정이 있다. 북한은 개성공단 개발을 위하여 2002년 11월 13일 최고인민회의 상임위원회 정령 "조선민주주의인민공화국 개성공업지구를 내옴에 대하여"를 통해 개성공단을 지정하고 11월 20일 개성공업지구법을 제정하였다. 이어서 최고인민회의 상임위원회 결정으로 개발규정, 기업창설·운영규정, 부동산규정을 비롯한 16개의 하위규정을 제정하였다. 개성공업지구법 제1조에는 개성공단은 공화국의 법에 따라 관리 운영하는 국제적인 공업, 무역, 상업, 금융, 관광지역으로 규정되어 있다. "국제적" 이라는 구절이 눈에 확 들어온다. 그리고 규정 또한 상임위원회에서 제정하기 대문에 우리의 시행령과는 다르다. 각 규정별 특색있는 규정을 소개하면 다음과 같다. 세금규정 11조에는 세금은 미화로 납부하여야 한다고 되어있고, 노동규정에는 월 최저노임은 50달러(2003년 노동규정 제정 당시)로 인상은 연 5%를 넘지 않고 관리위원회와 총국이 합의하도록 되어 있다. 기업은 북측 근로자에게 지불하는 월 노임총액의 15%를 사회보험료로 북측에 납부하여야 한다. 다음으로 개성공업지구 출입체류거주규정이 중요한데 동 규정은 우리지역에서 개성공단으로의 출입체류를 규정한 것으로 우리 주재원들은 이 규정에 따라 관리위원회가 발급한 출입증, 사업자증, 관광증과 자동차통행증을 가지고 개성공단에 출입하게 된다. 우리 측에서 개성공단에 출입·체류하는 문제와 관련하여 이 규정에 앞서 적용되는 것은 남북이 합의한 개성공업지구와 금강산관광지구의 출입 및 체류에 관한 합의서이다. 이 합의서에는 우리 주민 등이 개성공단에 적용되는 법질서를 위반하였을 경우 북측은 이를 중지시킨 후 조사하고 위반내용을 우리 측에 통보하며 위반정도에 따라 경고 또는 범칙금을 부과하거나 우리 측 지역으로 추방하되, 다만 남과 북이 합의하는 엄중한 위반행위에 대하여는 쌍방이 별도로 합의하여 처리하도록 되어 있다.

2009년 3월 30일에 억류되었다가 8월 13일에 석방된 유승진 씨는 출입체류합의서를 위반하여 이 합의에 따라 추방된 사례라고 할 수 있다. 유 씨는 현대아산 직원으로서 북한 여성에게 탈북을 권유하는 편지를 보내는 등 개성공단에 적용되는 법질서를 위반하였고 결국 우리 측 지역으로 추방된 것이다. 당시 우리정부 발표에 따르면 북측이 강압적 조사를 진행하고 비인도적 처우를 하는 등 절차상의 문제가 있었다고 한다.[46]

---

46) https://news.sbs.co.kr/news/endPage.do?news_id=N1000635006 SBS뉴스 "유성진 씨, 남북합의 일부 위반·북 강압조사" (2009.8.25., 2025.9.6. 검색)

개성공업지구법 및 하위규정만으로는 개성공업지구를 법적 제
도적으로 뒷받침하기에는 부족함이 많다. 따라서 개성공업지구법
은 총국에 공업지구 규정의 시행세칙 작성 권한을 주었고 관리위
원회에 사업준칙 작성권한을 부여하였다.[47] 윤 처장이 인용한 것
은 바로 총국에서 작성한 세칙 규정이었다.

▶ 2014.3.20.(목)

북이 예상을 깨고 처장회의에 나온다고 했다. 어제 공동위 개최를 미
루었기 때문에 처장회의도 안 나올 것으로 예상했는데 의외였다. 북이
나와서 할 말은 무엇일까?

첫째, 통지문에 나와 있는 말을 재강조하며 5.24 조치 해제, 반출 규
제 해제를 요구할 것이다. 둘째, 홍익 방문 관련 사무처의 기업방문 자
제를 요청할 것이다.

이에 대한 나의 반격은 "합의를 지켜라" 하는 것이 되어야 하리라. 산
책을 하면서 박 부장과 나눈 이야기가 인사이트를 주었다. 상대방이
무슨 이야기를 하든 간에 우리 입장, 우리가 하고 싶은 이야기를 조리
있게 하면 된다는 것이다.

1시간 동안 회의가 진행되었다. 과연 내가 예상했던 대로였다. 북측
은 처음부터 시비조로 나오면서 5.24 조치 해제, 건설 자재 이용 대가
를 물자로 지불하는 문제 해결에 초점을 맞추어 집중적으로 물고 늘어
졌다. 그리고 홍익 기업 문제를 계속 제기하였다. 3통과 일일 단위 상시

---

47)   개성공업지구지원재단, 『개성공단 관리·운영 백서(2003년-2015년)』(2018.4.26.) pp.65-83.

통행은 자재와 연계되어 있음을 내비쳤다.

나는 세 가지 포인트로 북측을 설득하였다.

첫째, 합의를 지키라고 요구했다. 일일 단위 상시통행은 원래 작년 말까지 실시하게 되어 있는 것이다. 이제 공사가 마무리되고 시범운영까지 했으니 지체 없이 상시통행이 이루어져야 한다. 통신 관련 합의도 사업자 간 협의든, 3통 실무접촉이든 빨리 열어서 인터넷을 개통해야 한다. 세금도 2013년도 세금을 면제한다고 했으면 깨끗이 면제해야 한다.

둘째, 공동위원회에 나오라고 강조했다. 합의서 그 어디에 5.24 조치 해제 안 하면 공동위원회 안 해도 된다고 한 내용이 있느냐, 5.24 조치가 개성공단 발전에 장애가 된다고 하는데 개성공단 10년 역사에서 작년 개성공단 중단보다 더 큰 장애와 난관이 있었느냐, 정세와 상관없이 개성공단을 정상적으로 운영하겠다고 합의했으면 그대로 지키라는 것이다. 그 외의 말들은 다 군더더기요, 변명일 뿐이다. 동시에 공동위는 더 중요한 의미가 있다. 공동위는 개성공업지구 발전적 정상화의 실천 기구이다. 공동위 회의를 약속대로 합의대로 하지 않고 이 핑계 저 핑계 대면서 미루는 것은 발전적 정상화의 의지가 약하다는 것을 보여줄 뿐이다. 할 이야기가 있으면 나와서 이야기하라!

셋째, 남북 사무처장의 입주기업 공동 방문을 정례화하자고 제안했다. 내가 기업을 방문하는 것은 3가지 목적 때문이다. ① 기업들의 실태 파악 ② 기업들의 애로 파악 ③ 개선 사항을 공동위원회에 제기하여 공동위원회의 운영을 지원하기 위한 것이다. 지난 18일 홍익을 방문했는데 가기 전에는 여러 가지 걱정을 많이 했지만, 막상 가보니 법인장과 직장장이 머리를 맞대면 기업의 여러 가지 애로사항을 충분히 해결할 수 있겠다 하는 생각이 들었고, 북측이 기업 방문과 남북 간 합의사항의 현장 이행 점검을 정례화한다면 남북 사무처 간 협력 반경이 더욱 넓어지지 않겠는가 하고 역설하였다.

이에 대해 북측은 명확한 답을 하지 않았다.

▶ 2014.3.25.(화)

개성공단에 있는 시간도 넉넉하지는 않다. 3~4개월에 불과하다. 내가 역점을 두고 관찰하고 공부해야 할 것은 무엇인가.

첫째, 북측이 처장회의에 나올 때와 나오지 않을 때가 있는데 무엇이 중요 요인인가.

둘째, 개성공단 내 가동 기업 중에서 성공하는 기업과 어려움을 겪는 기업을 가르는 결정요인은 무엇인가.

셋째, 대북 협상의 성공 조건은 무엇인가.

이런 질문들에 대한 가설을 세우고 이를 논증하고 그 과정에서 잠정 결론을 도출하는 작업을 부지런히 해 나가야 할 것이다.

기업의 성패와 관련하여 중요한 것은 "원칙의 힘"을 발휘하느냐가 중요하다는 생각이 들었다. 원칙의 힘을 발휘하기 위해서는 이른바 '먹튀' 법인장이 되어서는 안 될 것이다. 단기적으로 기업을 운영해 보고 여의치 않으면 철수하려고 하는 법인장이 3~6개월이 걸리는 기(氣)싸움을 제대로 할 수 없을 것이다. 다음으로 회사 소유주(owner)가 법인장을 믿어주고 힘을 실어 주어야 원칙을 견지할 수 있다.

현장의 역동성과 수명불수사(受命不受辭)(2016년 국립외교원 연수 시 쓴 필자 글)

　　1954년 디엔비엔푸 전투의 영웅 베트남의 보 구엔지압 장군은 호치민 주석에게 "『승리를 확신할 때만 싸워라』는 주석님의 명령은 받지만 다른 구체적 지시는 받지 않겠습니다"라고 한다. 이른바 수명불수사를 선언한 것이다. 지압 장군은 베트남 국민들과 병사들의 강인한 전투의지를 끌어내면서 현장에서만 발휘할 수 있는 공세적 상상력을 실천에 옮겨 프랑스군을 베트남에서 몰아내었다.

　　이 디엔비엔푸 전투 사례에서 명확하게 알 수 있듯이 '수명불수사'의 적용 여건은 현장의 역동성이다. 본부의 호치민 주석은 디엔비엔푸의 지리적 특징, 프랑스군의 전략전술, 베트남군의 전력과 사기 등을 구체적으로 파악할 수 없다. 거기에 공격과 반격이 이어지는 다이나믹한 상황이 펼쳐지면 본부의 지휘는 시간상으로나 전략상으로나 전투에 전혀 도움을 주지 못하게 된다. 당시 프랑스 앙리 나바르 장군의 유인섬멸 전략에 대해 현장이 아닌 본부에서는 프랑스군을 기만하면서 곡사포를 산 정상으로 끌어올려 대포진지를 마련하는 뛰어난 전략을 절대 수립할 수 없었을 것이다.

　　그러나 현대로 올수록 수명불수사의 적용 범위는 좁아지고 있는 것이 현실이다. 정보통신의 기술 때문이다. 이제 본부가 현장 못지않게 구체적 정보를 가질 수 있게 된 것이다. 그래서 국제회의와 외교협상이 벌어지게 되면 항상 본부와 현장의 긴장과 갈등, 조정과 협력의 문제가 제기되는 것이다.

　　그러나 결론부터 말하면 수명불수사의 교훈은 여전히 유용하다는 것이 필자의 소신이다. 외교 현장도 그렇지만 특히 대북 협상의 경우에는 더욱 그러하다. 북한의 폐쇄성과 특수성 때문이다.

　필자는 개성공단이 여전히 가동되고 있던 2013년 9월부터 2014년 7월까지 개성공단 사무처장으로 현지에서 일했다. 당시 개성공단에는 123개 기업이 가동되고 있었다. 필자는 틈만 나면 각 기업을 찾아다니면서 애로사항을 파악하고 민원을 해결하려고 노력하였다. 기업을 시찰하는 횟수가 늘어나면서 어느새 필자는 이른바 잘되는 기업과 잘 안되는 기업을 구분할 수 있는 안목을 갖게 되었다. 개성공단 입주기업이 정상적으로 가동되느냐 마느냐는 기본적으로 서울의 모(母)기업의 경영 성과와 재무 건전성에 달려있다. 그러나 그에 못지 않은 변수가 개성공단 현지법인의 노무관리 능력이었다. 개성공단 현지법인에는 기업에 따라 다소 다르지만 남한의 관리자들은 적게는 1~2명에서 많아도 10여 명밖에 상주하지 않았다. 그 작은 숫자의 남한 기업 관계자들이 수십 명에서 수백 명, 수천 명의 북한 근로자들과 함께 생산활동을 하고 있었다. 소수의 남한 기업 관계자와 다수의 북한 근로자와의 상호 관계가 협조적인가 적대적인가가 생산활동에 미치는 영향은 절대적이었다. 불행히도 우리 기업 관계자들은 북한 근로자에 대한 고용, 해고 권한이 없었다. 게다가 북한 근로자들은 노동조합은 없었지만 노동조합보다 더 센 내부 조직을 갖고 있었다. 직장장을 중심으로 일사분란한 체계를 이루고 있었던 것이다. 따라서 우리 기업 관계자와 북한 직장장 간의 근로조건에 관한 협상이 있으면 우리 기업 관계자들이 절대 불리할 수밖에 없는 구조였다.

　그러나 그 가운데에도 우리 기업 관계자들이 높은 협상력을 발휘하여 생산활동을 이끄는 사례도 있었다. J 법인장이 대표적이다. 그는 항상 규범과 원칙, 합의를 중시하였다. 북한 직장장이 무엇을 요구하면 그가 항상 먼저 묻는 것이 있다. 남북 간 법규나 합의에 근거가 있는지? 만약 근거가 있으면 아낌없이 돕고, 없으면 절대 지원하지 않았다. 그리고 필요에 의해 새로운 합의를 하면 반드시 합의서를 작성하여 공식화하였다. 그래서 J 법인장이 부임한 초기에는 양측의 기싸움이 벌어졌다. J 법인장은 이 싸움이 다소 오래 갈 수 있겠다고 생각하고 서울 본사 사장에게 사정을 설명하고 이번에 원칙을 확립하지 못하면 계속 북한에 끌려갈 수밖에 없다는 점을 납득시키고 경영진으로부터 대북 협상 위임을 받았다. 수명 불수사를 받은 것이다. 북한 근로자들은 예상했던 대로 태업, 잔업거부 등으로 J 법인장을 위협했다. 그는 서울 본사와 협조하여 동남아 등 해외에 있는 생산라인을 풀 가동하여 개성에서 덜 생산함으로써 생긴 부족량을 채웠다. 우리 측 현지 관리위원회에게도 지원을 요청했다. 1개월, 2개월이 흐르면서 남한 기업도 힘들었지만 북한 측에게도 애로사항이 발생했다. 근로자들의 잔업거부로 초과근무수당을 받지 못하게 된 것이다. 기싸움이 3개월째 이어지던 어느 날 우리 측 관리위원회로부터 대충 사정을 전해 들은 북한 지도총국에서 J 법인장에게 만나자고 연락을 해왔다. J 법인장이 그간의 사정을 설명하자 초과근무수당이 아쉬웠던 총국은 오히려 북한 측 직장장을 질책했다. 이러한 북한 총국의 태도 저변에는 세금도 잘 내고 초과근무수당도 많이 주던 J 법인에 대한 평소 긍정적 인식이 작용했다는 분석이 유력했다. 그날로 태업은 중단되었고 J 법인장의 "법대로 규범대로" 경영 원칙은 준수되었다.

 J 법인장의 성공을 협상학의 개념과 논리를 원용하여 설명하여 보면 다음과 같다.

첫째, J 법인장은 협상 방식(formula)을 잘 도출하였다.[48] 그는 항상 북측 지도기관도 인정할 수밖에 없는 공동의 가치 기준(joint referents), 즉 남북 간 합의와 북측 규범을 토대로 협상하고 또 새로운 합의를 이끌어내려고 했기 때문에 북한과의 명분 싸움에서 이길 수 있었던 것이다.

둘째, 그는 BATNA(Best Alternative To a Negotiated Agreement: 협상에 의한 합의가 불가능한 경우 협상 당사자가 취하게 될 다른 대안)를 적절히 활용하였다. 본사와의 협력을 통해 개성의 부족분을 해외공장에서의 증산이라는 다른 대안으로 보충하며 북한 측의 압력과 위협에 버릴 수 있었던 것이다.

셋째, 북한에 대한 완승보다는 상호 이익을 추구하였다. 호만의 공리(Homans' Axiom)[49]를 적용하여 평소 북측이 귀하게 여기는 것 (돈, 근로자 복지 등)에 최대한 협조하였다. 그는 자기가 정한 경영 원칙을 관철시키는 대신 북측이 원하는 세금은 누구보다 먼저 납부했고 임금체불은 절대 하지 않았으며, 북한 근로자의 복지를 위해 아낌없이 투자하였던 것이다.

실패 사례로는 A기업이 있다. A기업 법인장 또한 부임 초기 원칙을 고수하려고 하였다. 신경전이 벌어지고 있는 와중에 서울의 사장이 개성을 방문하게 되었다. 북한의 직장장은 서울 사장과의 면담에서 자기들의 요구사항을 들어주지 않으면 생산 목표량을 채울 수 없을 것이라고 협박하였다. 서울 사장은 북측의 요구를 들어주었다. 그 일이 있은 뒤로 그 법인장의 영이 서지 않게 되었다. 그는 더 이상 북한 직장장과 협상을 할 수 없었다. 북한 직장장은 우리 법인장을 상대하지 않고 무조건 서울 사장과 마주 앉으려 하

48)   임홍재, 『국제회의 참가와 협상』(외교안보연구원, 2001), p.119.
49)   임홍재, 상게서, p.123.

였다. 자연 끌려갈 수밖에 없었고 태업과 조업 중단이 반복되었다.

정보통신기술이 날로 발달하고 있는 현재의 수명불수사의 의미가 전통 시대의 의미와 같을 수는 없다. 수명(受命)의 범위는 넓어지고 불수사(不受辭)의 범위는 다소 줄어들 수밖에 없을 것이다. 그러나 그 본질은 변하지 않았으며, 공동의 목표를 달성하기 위한 '본부와 현장 간 협력 방식'이 중요한 과제로 대두되었다. 이를 위해 필자는 다음 세 가지를 제안하고 싶다.

첫째, 협상 현장에 파견하는 외교관이나 협상 대표를 뽑을 때에는 가장 우수한 인재를 선발해야 한다는 것이다. 현장 지휘관의 역할이 그만큼 중요하기 때문이다. 개성공단 사례를 들어보면 현지 법인장 중에 사회주의 국가에서 경영활동을 해보지 않은 기업 법인장은 경험 있는 법인장보다 노무관리에 실패할 확률이 월등히 높았다. 사회주의 국가의 근로자들의 특징을 모른 채 경영활동을 하다 보니 시행착오가 많았고 북한 근로자와의 관계를 악화시키는 경우가 많았다.

둘째, 가장 우수한 인재를 뽑았으면 믿고 맡겨서 협상 대표의 영을 세워주고 협상력을 키워 주어야 한다는 것이다. 업무 위임의 범위를 정하고 그 범위 내의 일은 현장에서 처리하게 해야 한다. 앞에서 보았듯이 개성공단 A기업 사장처럼 사소한 일까지 현지 법인장 대신 본인이 나서는 것은 현장의 지휘관을 죽이고 결국은 자기 회사를 망하게 하는 일이 된다.

셋째, 본부는 현장의 정보와 역동성을 존중하면서 본부가 가진 강점, 즉 나무보다 숲을 더 잘 볼 수 있고 보다 높은 차원의 전략 전술을 개발할 수 있으며, 보다 냉정하게 협상에 대처할 수 있는 점 등을 잘 발휘하여 업무 과정에서 획득한 정보를 적시에 제공하고 협상 대표에 대한 교육, BATNA 마련 등 측면 지원을 아낌없이 하면서 본부와 현장 간 생산적 협업체계를 이끌어 가야 한다.

어제 통일부 선배님 한 분이 해 준 이야기 중에 국회에 인맥을 구축하라는 말이 인상 깊었다. 실제로는 개성공단에 있으면서 국회 인맥을 형성하기는 쉽지 않다. 또 술을 마시는 것을 진짜 싫어하기 때문에 술을 곁들이며 주로 저녁 늦게까지 국회 사람을 만나는 것도 썩 내키는 일은 아니다. 개성공단에 있을 때는 개성공단 사람들을 잘 사귀는 것이 중요할 것이다. 술 마시지 않고 사람들과 어떻게 깊게 사귈 수 있을까? 사귄다는 것은 그 사람을 알고 그 사람을 위하고, 그 사람의 진실성에 대한 이해가 깊어지는 것이 아닐까?

이런 목적이라면 어떤 화제로 서로 교감을 나눌까? 나를 이야기하는 것은 어떨까? 나의 무엇을 이야기할까? '이생의 자랑' 말고 나의 진실성, 나의 비전을!

일(work), 종교(religion) 외에 모든 사람이 쉽게 받아들일 수 있는 화제가 무엇이 있을까?

김연아 선수, 박주영 선수, 제갈공명, 서희 장군 등 세상의 인재들을 화제로 삼으면 어떨까? 이 사람들의 이야기를 통해 나의 메시지를 전하는 것이다. 자랑하지 말아야 한다. 금방 드러날 위선, 과장은 절대 삼가야 한다. 교훈적 이야기도 바람직하지 않다.

위에서 언급한 인재들은 어떤 갈등적 상황에 처해 있었는가, 어떤 어려움이 있었을까, 그것을 어떻게 이겨냈는가, 생각해 보다가 김연아 선수에게서 몰입을 배운다. 몰입한다는 것은 자기 자신에 대한 믿음, 타인의 시선을 덜 의식하는 것, 몰입하고자 하는 대상에 대한 흥미가 필요할 것이다.

박주영 선수에게 넓은 시야의 중요성을 깨우친다. 내가 두려워하는 것은 시야가 갇히는 상황이다. 드리블이 서툰 내게 공이 온다면, 그리고 내 앞으로 수비수가 달려오면 공을 빨리 안전하게 처리하려는 욕구 외에는 아무것도 생각나지 않을 것이다. 그렇게 급히 공을 처리하려고 하다 보면 실수하게 마련이다. 그러나 박주영 선수는 기막힌 곳으로 패스해서 골 찬스를 만들어내지 않는가?

직원들과 이야기하면서 또 하나 포착한 포인트가 있었는데, 그것은 다시 일어서는 것, 즉 재기이다. 김연아 선수의 밴쿠버 이후의 재기, 박주영 선수의 재기, 박태환 선수의 재기, 단순히 그들이 천재이기 때문은 아닐 것이다. 그 비결은 무엇인가, 연구해볼 만하지 않은가?

▶ 2014.3.27.(목)

처장회의가 무난히 끝났다. 아침 실무회의에서 3통 문제 관련 설명을 북이 요구함에 따라 우리 연락관이 자료를 작성하여 설명하겠다고 했다. 북측이 자기 직원들은 다 들었으면 한다고 해서 우리도 운전원을 제외한 7명 전원이 참석해서 처장회의를 참관토록 했다. 북측은 부드럽게 나왔다. 윤 처장은 주목할 만한 발언을 몇 가지 했다.

첫째, 내가 3통과 공동위원회 개최를 요구한 데 대해 "해야지"하는 언급을 했다. 위임이나 지침이 없으면 윤 처장 같은 실무자가 그런 발언을 할 수 없다는 점에서 긍정적 전망을 할 만했다.

둘째, 남북관계 분위기 개선을 요구했더니, VIP의 병진노선 비판을 문제 삼으면서 남측의 선 조치가 필요하다고 응수했다.

셋째, 구제역 지원 제의[50]는 북의 성에 차지 않는다는 점을 이야기했다.

---

50) 북한은 2014.2.23, 유엔 식량농업기구(FAC)에 구제역 지원을 요청했다. 이에 우리 정부도 다음날 북한에 구제역 지원 의사를 전하고 실무접촉을 제의하였으나 북한은 국제기구의 지원은 받으면서도 남측의 지원 지의에는 호응하지 않고 있었다.

▶ 2014.4.1.(화)

북한이 위기를 계속 고조시키고 있다. 방사포, 스커드에 이어 노동미사일을 발사하더니 어제는 NLL을 넘어 백령도 앞바다에 100발 이상의 포탄을 발사했다. 이에 우리 군은 3배 응징의 수칙하에 300발을 쐈다고 한다.

어제 천안 외국인 투자지역에 출장을 다니면서도 마음 한구석에는 걸리는 부분이 있었다. 내일 아침 개성공단 통행이 막히면 안되는데… 하는 일말의 불안감이 있었던 것이다. 다행히 오늘 아침 입경하는 데 아무런 문제가 없었다. 실무접촉도 달라진 점이 없었다.

▶ 2014.4.3.(목)

오늘 처장회의가 별 안건 없이 끝났다. 북측이 정세와 관련하여 공세적으로 나올 것으로 예상했으나 그 예상은 보기 좋게 빗나갔다. 미리 과일을 준비해 준 L과장이 고마웠다. 그것이 분위기를 누그러뜨렸는지 알 수 없으나 긍정적 영향을 미친 것만은 분명하다.

북측이 가져온 안건은 딱 하나였다. 경협협의사무소를 남북 사무처가 공동으로 점검해 보자는 것이었는데 우리가 이전에 제안했던 것에 대한 긍정적인 답변이었다.

공동위는 언제 열리느냐는 질문에는 '기다리라'는 말만 되풀이했다. 그렇다면 드는 의문은 "왜 처장회의에 나왔을까"하는 것이었다. 모멘텀을 이어가야 할 필요가 있었을 것이다. 반성할 점은 북측과의 분위기에 맞추다 보니 북측의 합의 위반 지적 등 해야 할 말을 제대로 못 했다는 것이다.

▶ 2014.4.4.(금)

며칠 전 세탁소에 맡긴 와이셔츠를 찾아오다가 보게 된 광경이 잊히지 않는다. 사무실과 세탁소 간에는 횡단보도가 하나 있었다. 개성에서는 자전거를 많이 이용하는데 횡단보도를 지날 때 반드시 자전거에서 내려서 지나야 한다. 그런데 내가 횡단보도에 진입한 순간 북한 여성 근로자 한 명이 자전거에서 내리지 않은 채 횡단보도를 건넜다. 그러자 잠복 근무를 하던 북한 보안원이 순식간에 오토바이를 타고 와서 그 근로자를 붙잡더니 벌금 딱지를 배부했다. 거기까지는 흔히 있는 일이었다. 우리 사무처 직원들도 종종 당한 일이다. 그런데 이게 웬일인가, 그 여성 근로자는 딱지를 순순히 수령하지 않고 무언가 큰 소리로 변명을 하기 시작했다. 보안원이 고분고분하지 않은 이 여성 근로자를 거칠게 응대하다가 나를 쳐다보았다. 이러한 장면을 남측 인원에게 보이기 싫었던지 더 이상 실랑이를 벌이지 않고 딱지를 강제로 근로자 손에 쥐여주고는 그대로 가려고 했다. 그 여성은 포기하지 않았다. 보안원의 오토바이 뒷부분을 붙잡고 20여 미터 정도 질질 끌려가면서 계속 항변했다. 마침내 보안원이 다시 오토바이를 세우고 완력으로 근로자 손을 오토바이에서 떼어놓더니 쏜살같이 현장을 벗어나 버렸다. 여성 근로자는 길가에서 한동안 앉아 있더니 힘없이 일어나 자전거를 타고 갔다.

이 광경을 보면서 여러 가지 생각이 들었다. 북한 인민들이 생각보다는 권력기관을 무서워하지 않는다는 것이고 이러한 일은 개성공단 내에서 뿐만 아니라 장마당에서 매대 자리를 배정하고 자릿세를 거두고 하는 과정에서도 다반사로 벌어질 수 있겠구나 하는 추측도 해보았다.

보안원과 근로자 간 위 사례는 드문 일이지만 북한 측 행위자들끼리의 다툼 사례도 흔하지 않다.

"연구자는 개성공단에서 2년 3개월 동안 딱 두 번 싸우는 것을 보았는데 하나는 한겨울에 영하 18도로 떨어진 날 버스 배차가 잘못되어서 50명이 넘는 인원이 한 시간도 넘게 길에서 떨어서 북한 측 행위자끼리 싸움이 나는 것을 보았다. 그리고 다른 사례는 북한 측 행위자들이 자신이 받을 임금 내역을 노동보수명세서에서 확인하고 수표(서명, 싸인의 북한 말)하는 날 벌어진 일이었다. 전체 직원의 임금 통계를 계산하는 북한 측 행위자가 기록한 명세서에 실제 북한 측 근로자가 일한 것보다 적게 기록되어 있어서 문제를 제기하면서 싸움이 시작되었다. 쌍욕을 하고 멱살잡이를 하는 상황까지 간 끝에 결국 남한 측 행위자가 개입하여 싸움을 중재하고 다시 계산하고 확인하면서 일이 해결되었다. 사실 남한 측이 함께 있는 자리에서 북한 측 행위자들끼리 다투는 행위는 북한 측에서는 크게 비판을 받고 심각한 경우에는 '로동단련대'까지 들어가서 사상교육을 당할 수도 있다. 그런데도 서로 엄청나게 욕을 하면서 끝까지 싸우는 모습에서 북한 측 행위자들이 자신이 받을 몫에 얼마나 예민한지를 확인할 수 있었다."[51]

---

51) 홍승표, 전게논문, pp.179-180.

▶ 2014.4.8.(화)

어제 통일부 간부회의 토론에서 했던 나의 주장은 울림이 적었던 것 같다. 분위기에 편승해서 내 평소 생각과 다소 다른 발언을 하다 보니 그렇게 된 것 같다.

그런데 간부회의 토론 직후 장관님께 업무보고를 드리고 나서 힘을 얻었다. 장관님은 이런 류의 보고를 "기다리고 찾으셨다"라고 반응하셨다. "드레스덴 선언 이후 개성공단 사업 방향 검토"라는 제목하에 북이 VIP의 선언을 비난하고 있는 것은 '피포위 위기의식'에서 비롯된 수세적 반발이라고 진단하였다. 그러나 북의 전략가들은 이 선언을 놓고 평양에서 주판알을 튕기고 있을 것이라고 분석하면서 북이 드레스덴 선언에 호응할 지 여부를 결정할 때 고려할 잣대는 개성공단 활성화, 대북지원, 금강산사업, 5.24 조치로 추측하였다. 이 선언이 이행될 수 있도록 하기 위해서는 국내 소극 세력의 반대를 극복하는 것이 중요한데, 우리는 진돗개 정신을 발휘하여 반대 여론을 끈질기게 설득하고 추진해야 한다고 주장하였다. 지금과 같이 어려운 상황에서 우리 정부가 5.24 조치를 건드리지 않으면서 동력을 회복시키는 수단은 개성공단밖에 없다고 방향을 제시하고, 개성공단에서 추진할 수 있는 드레스덴 선언 3대 제안의 시범사업을 건의드렸다. Agenda for humanity 사업(인도적 사업)으로 탁아소를, Agenda for co-prosperity 사업(공동번영 사업)으로 출퇴근도로를, Agenda for Integration 사업(동질성 회복 사업)으로 개성공단 기술교육센터 가동 및 개성의 역사유적 발굴을 적시하였다.

보고를 마치고 식사 장소로 부랴부랴 뛰어갔다. 우리은행 Y지점장이 와 있었다. 우리은행은 개성공단에 지점을 개설하고 입주기업과 주재원들의 예금과 대출, 환전, 송금업무를 담당하고 있다. Y지점장은 남북관계에 관심이 많고 적극적이었기 때문에 친분이 있었다. 우리은행의 대북 진출과 통일준비 기능 확대를 소재로 이야기를 나누었다.

내일 남북이 공동으로 경협협의사무소를 점검하게 되어 있다. 이 기회를 어떻게 활용하면 좋을까 생각해 보았다. 교류협력사무소로 문패를 바꿔 달고 공동 근무하는 게 가능한지 타진해보고, 건물기능 유지를 위해 긴급보수할 부분이 있는지 확인하는 것이 중요할 것 같다. 그러나 우리가 어떤 특정한 목표를 가지고 접근한다는 인상을 주지 않도록 이런저런 이야기를 해 나가는 것이 좋겠다. 최고인민회의 동향에서부터 4.15 행사 등 북 내부 동향, 공동위원회 개최 전망 등 개성공단 상황, 적십자 동향 등과 관련하여 알고 싶은 것을 가볍게 물어보면서 자연스럽게 내가 생각한 방안까지 화제를 이어가자.[52]

▶ 2014.4.10.(목)

오늘 처장회의는 평범하게 진행되었다. 먼저 준비해간 내용을 중심으로 차분히 설명하고 주장을 펼쳤다. 기업들의 양대 애로사항인 임금, 세금 문제를 짚고 조속히 이 양대 문제가 남북 간 합의와 규정에 따라 해결되어야 한다는 점을 강조하였다. 일일 단위 상시통행도 촉구하였다. 북측은 우리의 양대 문제 제기에 대해 별다른 반응을 보이지 않았다. 그리고 나서 어제 남북경협협의사무소 점검 결과를 브리핑하게 했다. 경협협의사무소 점검 결과에 대해서도 대체로 수긍하는 태도

---

52) 윤 처장은 경협협의사무소를 교류협력협의사무소로 기능을 전환하자는 제안에 대해 자기 권한을 넘는 일이라며 수용하지 않았고, 건물 긴급보수에 대해서는 우리 측 제안을 받아들여 우리가 방수공사를 했다.

를 보였다.

북측은 일단 분위기를 악화시키지 않겠다는 뜻을 가진 것으로 보였다. 북측 명절(4.15, 태양절이라고 하는 김일성 생일), 군사훈련이 끝나면 한반도에 따뜻한 봄이 다시 올까?

▶ 2014.4.11.(금)

처장회의가 끝나는 목요일 저녁이면 긴장이 풀려 마음이 들뜬 상태에서 시간을 헛되이 보내곤 했다. 스스로를 통제하지 못하는 나의 연약함을 느낀다. 문제는 그 연약함을 너무 당연하게 여기고 회개하지 않는 데 있다. 이를 피하는 방법은 일찍 잠자리에 들고 일찍 일어나 독서를 하는 것이다. 그런데 어제는 세탁기가 고장이 나서 이를 고치고 자느라 11:40분쯤에 침대로 갔다.

점심시간에 TV로 어떤 목사님의 설교를 듣고 잠시 기도하다가 깨달음이 있었다. "쉬지 말고 기도하라!" 옳지, 기도를 쉬지 않고 하는 것만이 이러한 나태의 유혹을 물리칠 수 있는 유일한 길이리라.

▶ 2014.4.17.(목)

직원들의 당직 어려움에 동참하고 그들의 수고를 덜어주기 위해 북한의 이른바 태양절에 근무를 자처했다. 그러나 막상 직원들의 수고를 덜어주는 데에는 실패했다. 1명이라도 근무 인원이 줄어들어야 했는데 그대로인 데다(총 3명), 어제, 그저께 날 위한 식사 준비 때문에 박 과장이 오히려 고생만 했다. 어제 점심 식사 후 기술교육센터를 거쳐 봉동관 쪽, 나인모드 공사 현장까지 공단을 한 바퀴 둘러보았다. 공단은 평안했다.

공단 밖으로 북 주민들이 평화로이 자전거를 타고 오가는 장면이 정겹다. 북한의 초소 군인들은 여전히 철모를 쓰고 있었다. 아직 비상상황이라는 뜻이다.

▶ 2014.4.18.(금)

국내 상황은 세월호 침몰 사건으로 엉망진창인 것 같다. 기본의 기본이 서지 않은 우리나라, 하나님께서는 왜 이 안타까운 대형 사고를 허락하셨을까, 아이들을 포함하여 수많은 무고한 목숨이 희생당한 사건을 함부로 해석할 수는 없다. 그렇다고 해서 아무 교훈도 찾지 못한 채 아무 일도 없었다는 듯이 지나갈 수는 없다.

첫째, 이제 기도하라! 하는 메시지로 받아들이면 좋겠다. 우리나라는 지금 경제적 성과에 도취되어 목이 뻣뻣하게 굳은 교만한 민족이 되어 버렸다. 지금이라도 우리의 자고함을 뒤돌아보고 하나님 앞에 바싹 엎드려야 할 것이다.

둘째, 기본부터 세우라! 하는 메시지로 받아들이면 좋겠다. 지금이라도 안전과 기본을 경시하는 우리 사회의 취약점을 깨닫고 이를 바로잡기 위해 모두가 나서야 할 때라는 생각이 들었다.

어제 처장회의는 최근 회의 가운데 가장 주님을 끝까지 붙들고 있었던 회의로 생각된다. 모든 상품은 납기가 중요하다는 말로 운을 떼고 이를 약속 중시로 연결시켜, 공동위원회, 분과위원회 개최를 압박했다. 이어서 북측이 자꾸 우리가 인원, 차량을 많이 밀어 넣는다고 하는데 이는 오해라고 지적했다. 이에 윤 처장은 공업지구에 인원과 차량이 많이 출입하는 것 자체가 문제가 아니라 주차장 등 관련 시설이 불비한 것이 문제라고 대답했다. 속으로 '당신 말 잘했다' 싶어서 "그런 문제를 해결하려면 어떻게 해야 하느냐"고 다그쳤다. 마음씨 좋은 윤 처장은 "만나야지"라고 얼떨결에 호응해 주었다.

윤 처장은 돌연 5.24 조치로 개성공단 출입을 제한했던 우리 측 조치를 비난했다. 이에 나는 2010년 5.24 조치 이전에 북측이 먼저 2008년 12.1 조치를 취해서 남북 간 출입을 통제했다고 응수했다.

오늘이면 군사훈련도 끝난다. 분과위원회든 공동위원회든 열릴 수 있을까?

▶ 2014.4.22.(화)

세월호 사건을 보면서 개성공단에서 발생할 수 있는 재난 또는 위기 시 대처 문제를 가다듬지 않을 수 없다. 제일 큰 문제 중의 하나는 관리위원회와의 업무 관계 정립이다. 우리가 당국자인 만큼 그 책임에 걸맞는 행동을 해야 하는데, 권한과 능력이 부족한 것이 흠이다. 세월호 사건에서 보았듯이 안전행정부와 해경처럼 능력도 없으면서 총괄 기능을 수행하다가 혼선만 야기시켜서는 안 된다.

일반적 재난은 관리위원회에 일임하는 것이 맞다. 일반적 재난이라

함은 화재, 근로자 사고, 교통사고, 홍수 등 자연재해가 여기에 해당한다. 우리 사무처가 관여해야 할 사안은 안보상의 위기, 당국 간 관계의 중대사안에 해당하는 일이다. 이때에는 우리가 현장 지휘기능을 발휘해야 한다. 서울로부터 내려오는 모든 지침은 우리 사무처를 통해 일사분란하게 전파되어야 한다. 보고 또한 총괄적으로 사무처를 통해 이루어져야 하고 현장 판단 및 건의 기능을 수행해야 한다. 관리위원회 부위원장, 유관 기관들이 우리 상황실에 집결하여 우리 사무처의 지휘를 받도록 해야 한다.

조건식 현대아산 사장님이 개성공단을 방문했다. 어제 H과장은 나에게 전화를 해서 며칠 전 이 단장이 조사장 님을 방문했는데, 조사장 님이 내 이야기를 하도 많이 하셔서 H과장 생각에는 최대한 예우를 해 드리는 것이 좋겠다고 조언했다. 평소에 존경하던 분이었기 때문에 북측 CIQ까지 영접을 나갈까도 생각했지만 거기까지 자유통행이 되는 것도 아니어서 사장님이 우리 센터 방문하실 때 예를 갖추기로 했다. 점심 식사를 사장님과 함께 평양식당에서 했는데 사장님은 여러 가지 격려 말씀을 많이 해 주셨다.

▶ 2014.4.29.(화)

세월호 참사의 실무적 교훈은 무엇인가? 우선순위를 인식하고 행동하는 것이 아닐까? 세월호 선장의 우선순위는 무엇이었을까? 첫째는 신고, 둘째는 보고, 셋째는 승객대피가 되었어야 했다. 우리 사무처의 경우, 사건 사고가 발생하면 첫째, 보고 둘째, 신변안전 셋째, 재산보호

넷째, 대북 협상이 이어져야 한다.

북측이 갑자기 서해 NLL 인근에서 사격훈련을 하고 있다. 지난 한미 정상회담의 결과가 상당히 실망스럽다는 반응의 결과이리라. 조평통 대변인이 거칠게 반발하고 어제저녁에는 국방위원회 대변인 성명까지 추가하며 대남 대미 비난의 수위를 높이고 있다. 이러한 연장선상에서 북측 사무처는 실무접촉까지 회피하고 있다. 최근 북 내부 사정이 어렵다고 한다. 최용해 동정이 이상하고 대신 황병서 부부장이 차수가 되었다. 4.25 문화회관에서 화재가 발생하였다.

북한 입장에서 상정할 수 있는 모든 기회의 창이 닫혀가고 있는 것 같다. 2월 고위급접촉과 이산가족 상봉 행사를 통해 열려고 했던 대남 기회의 창도 대통령의 병진노선 비판, 북한의 노동미사일 발사 등으로 상호 감정이 악화되면서 거의 닫히고 있다.

중국은 지재룡 대사를 불러 북한을 경고하는 한편, 한중간 협의를 강화하여 북으로 하여금 방기의 우려를 높이고 있다.

북한에 남아 있는 유일한 기회의 창은 6자회담 재개이다. 우리가 할 수 있는 대처방안은 무엇일까?

북에게 기회의 창을 조금씩 열어주는 것이다. 6자회담을 재개하도록 역할을 하는 것이 가장 큰 대책이 될 것이다. 대화를 통해 압박을 강화하고 당근을 제시해야 한다.

다음으로 대북지원을 확대하고 실행해야 한다. 민간차원의 교류도 지원할 필요가 있다. 특히 개성공단이 중요한 정책실행의 장이 될 수 있다. 기술교육센터 가동은 돈도 들지 않고 우리의 의지를 보일 수 있는 좋은 수단이 아닐 수 없다.

북이 대통령을 저토록 저급하게 비난하고 있는데 우리가 먼저 나설 필요가 있는가 하는 의문이 제기될 수 있다. 첫째 북이 하는데 따라 대응하는 방식으로 대북정책을 추진한다면 우리는 북한의 꽁무니만 쫓아다니다가 5년을 보낼 것이다. 우리가 북한을 리드해 가야 한다.

둘째, 북의 비난이 박근혜 정부에서 처음 시작되었다면 그것은 엄중한 문제이다. 그런데 그것은 역대 정부에 걸쳐 늘상 있어왔다. 이것을 당연시하자는 것이 아니다. 이제 이것을 바로 잡기 위해 노력하되, 북이 비난한다고 교류를 끊는 방식으로는 안 된다는 의미이다. 북의 행태를 교정하기 위한 개입 정책을 구상하고 적용해야 한다.

▶ 2014.5.2.(금)

오늘 오후에 개성공단 관리위원회 북측 협력부장을 만나기로 되어 있다. 무슨 이야기를 해야 할까? 정세 이야기는 빼도록 하자!

첫째, 사무처 출범 7개월이 막 지났다. 북측에서 아무 인사도 없어서 한번 와 봤다. 이렇게 운을 떼자.

둘째, 주말에는 무엇을 하느냐? 나는 세월호 희생자 분향소에 아이들 데리고 가 볼까 생각 중이다. 이렇게 스몰 토크를 해 보자.

셋째, 아이들은 공부 잘 하느냐? 공통의 화젯거리를 만들자.

넷째, 협력부장 한 지는 얼마나 되었는지? 업무로 화제를 돌려보자.

다섯째, 리더십 유형은 무엇인가, 권위형, 민주형, 자유방임형? 최근에는 섬기는 리더십 유형이 유행하고 있다. 창의성을 최대한 끌어내고자 할 때 그런 리더십을 발휘한다. 원 부장은 어떠한가? 이런저런 대화 소재를 생각해 보았다.

▶ 2014.5.7.(수)

긴 연휴가 지났다. 새로운 안식처를 찾고 지금 살고 있는 집 전세금을 돌려받는 문제와 관련한 신경전이 머리를 무겁게 한다.

어젯밤 임대인과의 전화 협상은 최악이었다. 일단 전화를 걸기 전에 내 마음이 편하지 않은 상태였다. 차분하게 대화를 리드해야 하는데 긴장이 섞이고 해서 그렇지 못했다. 6월 13일에 전세금을 받아내는 데 급급하여 임대인이 두 차례나 우리가 사는 전셋집의 원상복구 여부를 확인하러 온다는 데에 동의하고 말았는데, 임대인의 방문을 준비해야 하는 아내는 부담스럽다며 나를 원망하였다. 전화 통화내용을 다시 복기해 보니 내가 대화에 집중하지 못했음을 알 수 있었다. 상대방의 말을 분명히 못 들었으면 다시 한번 말해 달라고 해야 하는데 내가 부정확하게 들은 내용을 추론을 통해 정리하려고 하면서 임대인에게 "이렇게 말씀하신 것이 맞지요?" 이런 식으로 확인용 대화를 이어가다가 임대인이 그것에 동의하니까 감사하는 마음이 들어서 두 차례나 현장을 점검하는 데에 덜컥 동의하고 만 것이다. 주인이 두 번 방문하겠다고 했을 때 "사람을 못 믿는 겁니까" 이렇게 한번 쏘아붙이면서 압박을 해야 하는데 그것을 못 한 것이 안타까웠다.

이번 일을 거울삼아 대북협상에서는 비슷한 우를 범하지 말아야겠다.

▶ 2014.5.8.(목)

오늘 처장회의를 되돌아보니 비교적 자신감 있게 회의를 운영했다는 평가를 내릴 수 있을 것 같다. 전혀 긴장되지 않았다. 집주인과의 실패

한 협상을 거울삼아 하나님께 기도드리고 난 뒤 회의장에 들어가, 개성공단을 사랑하는 마음을 담아 윤 처장에게 개성공단의 발전적 정상화를 위한 협력을 역설했다.

북측은 임금인상 협의가 조속히 마무리되어야 한다는 점을 강조하기 위해 나왔던 것 같다. 처음부터 끝까지 그 얘기만을 했고 이 문제는 개별기업의 문제가 아니라 53,000명 근로자의 생존조건 문제라고 강조했다.

논쟁 도중, 임금직불은 왜 안 하고 있느냐, 환율은 얼마인지, 임금 인상 문제가 개성공단 정상화의 선결조건이냐 등 질문을 던져 윤처장을 당황하게 하고 긴 횡설수설을 차단하는 데 활용하였다.

회의를 마치고 박 부장의 충고를 새길 필요가 있다는 생각이 들었다. 북측 윤 처장이 임금 문제를 계속 이야기할 때에는 남측도 이에 노력하겠다는 의사를 표시하였다는 점을 상부에 보고하고 싶은 것으로 보이는 만큼 그 속내를 받아주는 화법이 더 좋지 않겠느냐는 것이었다. 박 부장의 이야기를 들으면서 다시 한번 느낀 것은 나의 화법이 상대방에게 불쾌감을 주는 경우가 많다는 점을 깨달았다. 임대인의 반응도 그러했다.

▶ 2014.5.9.(금)

이사 준비를 하는데 여러 가지 골치 아픈 일이 많이 생겨났다. 하나님께 복잡한 심경을 토로하고 싶어 기도를 시작했으나 막상 15분도 채 못되어 끝났다. 일정 단계에 이르면 성령님이 기도를 이끄신다는데, 나는 아직 그 단계에 이르지는 못했나 보다.

우리 가족의 안식처를 구하게 해 달라고, 아내를 뜨겁게 사랑하게 해 달라고, 이사 과정이 아내를 위하고 아내를 더욱 사랑하는 축복의 과정이 될 수 있도록 기도드렸다. 그리고 나서 아내에게 전화를 했는데, 아내는, "새로 들어갈 집 주인에게 계약금 일부를 보냈다"고 했다. 북측의 도청[53] 가능성 때문에 자세한 내용을 주고받지 못했지만 입주 날짜가 양해된 것 같아 안도감이 몰려왔다.

오늘 처음으로 북측 사무처장 사무실을 방문했다. 아들딸 이야기로 환담을 나누다가 남북 사무처 협력방안에 대해 의견을 물어보았다. 기업 공동방문에 대해서는 다소 긍정적 답변을 들을 수 있었다. 남북 당국자 간의 긴밀한 의사소통의 중요성을 강조했다. 그리고 윤 처장도 필요시 언제든지 오라고 이야기해 주었다. 남북 사무처장 간 상호 방문의 길을 텄다는 데 의미가 있다.

▶ 2014.5.12.(월)

임금은 노동의 대가이며, 생산성 제고를 위한 인센티브가 되어야 한다. 그런데 개성공단 현실은 어떠한가, 임금이 전혀 인센티브가 되지 않는 곳이다. 사람만 출근하면 무조건 돈이 나간다. 오히려 "초코파이"가 인센티브가 되고 있다.

어떻게 하면 임금이 인센티브가 되게 할 수 있을까?

---

53) 개성에서 서울로 전화할 경우, 100% 도청된다고 알려져 있었기 때문에 짧게 용건만 간단히 말하려고 신경 썼다. 그래서 저자는 아이들을 지칭할 때에도 이름 대신 첫째 아이, 둘째 아이로 불렀다.

그것은 실적주의를 도입하는 것이다. 실적에 따라 임금을 지급할 수 있어야 한다. 군이 명칭을 붙인다면 「실적임금제」이다. 기술교육센터 북측 강사에게는 500불을 주기로 한 것처럼 특정 자격과 능력을 갖춘 사람에게는 기본급을 67불이 아니라 100불을 줄 수 있도록 해야 한다.

관련 규정은 로동규정 제9조인데, "기업은 기능시험, 인물심사 같은 것을 통하여 필요한 로력[54]을 선발할 수 있다." 즉 기능시험을 통과한 고급 노동력에게는 상응하는 임금을 지불함으로써 기술과 실적에 따라 임금을 차별화하면 북측 근로자들의 근로의욕을 제고시킬 수 있을 것이다.

개성공단은 원래 초코파이로 잘 알려진 곳이었다. 처음 초코파이는 영양상태가 좋지 않아서 일하다 계속 쓰러지는 북한 측 행위자들을 위해 입주기업이 낸 아이디어에서 시작되어 전체로 확대되었다. 그런데 어느 날부터 북한 측 행위자들은 기본급이 아닌 추가수당과 인센티브를 초코파이를 비롯한 남한 측에서 들여오는 막대 커피(커피믹스의 북한식 표현), 간식, 업무 관련 지원물자로 받기를 원하였다. 이것은 북한 측 행위자가 초코파이를 비롯한 남한 물품을 받아서 장마당에 내다 팔면 가치가 10배에서 20배까지 폭등하기 때문이었다. 그런데 이러한 물품의 장마당 가격은 번들의 포장 상태, 즉 박스의 상태에 따라서 또 가격이 다르게 책정되었다. 큰 박스에 안전하게 포장된 상태에서의 가치가 훨씬 높았는데 이것은 평양, 평성 심지어 북중 접경지역의 장마당까지 운송이 가능한 경우 가격을 더 받을 수 있었던 것이 원인이었다. 이에 북한 측 행위자들은 개인으로 받는 경우 박스에 포장된 상태로 받을 수

---

54) 북한에서 로력은 3가지 의미가 있다. '힘을 들여 일하는 것' '노동력' '노동력을 바쳐 일하는 사람(노동자)'이다. 규정상의 로력은 노동력, 노동자를 뜻한다.

가 없어서 여러 명이 모여 소위 '초코파이 계'를 만들어서 박스에 포장된 상태 그대로 장마당에 판매하여 받을 수 있는 최대 가격으로 팔고 돈을 나누는 방식으로 이익을 극대화하였다.

개성공단에서 유통되는 남한 상품의 가치는 박스의 포장 상태뿐만 아니라 브랜드에 따라서도 차이가 컸다. 북한 근로자들의 상품 선호도의 형태는 '로동보호물자(이하 노보물자)'부문에서 쉽게 확인된다. 노보물자는 북한 측 행위자들이 생산업무를 원활하게 할 수 있도록 각종 물자를 지원하여 공급해 주는 것인데 각종 도구와 용품부터 근무복, 우의, 안전화 등 피복류, 라면과 초코파이 등 간식류 그리고 샴푸, 비누, 수건, 세탁세제 등 생활용품에까지 업무에 따라서 공급되었다. 북한 근로자들은 이러한 노보물자 관련하여 선호하는 브랜드의 물품을 원하지만 남한 측 행위자들은 정해진 예산에 맞추어 물자공급을 해야만 하였기 때문에 가성비가 높은 물품을 골라서 지급하는 과정에서 마찰이 일어나게 되었다.

"아니 홍 선생님, 하나만 물어봅시다. 선생님이 돈 내고 사먹는다고 한다면 오리온 초코파이를 사서 드실래요. 다른 걸 사드실래요. 콜라도 그래요. 코카콜라 사서 드시잖아요. 처음이시니까 몰랐나 보지요. 다음부터는 신경 써달라요."

40대(여) 개성공업지구관리위원회 북한 측 통계직원의 말이다. 북한 측에서는 초코파이는 오리온, 라면은 삼양 소고기 라면, 커피는 맥심 모카골드, 화장품은 설화수를 원하는데 남한 측에서는 같은 이름의 제품 중에서도 가성비가 높은 제품을 공급하려고 하다 보니 다툼이 자주 일어났다. 특히 북한 측은 '중국제'를 아주 싫어해서 북한 상점에서 눅은 값에(싸게) 팔아도 거의 사지 않는다고 한다. 그래서 'Made in China'라고 적혀 있는 부분을 모두 제거하고 공급하는 것이 불문율이었다. 처음에 그 사실을 모르고 기

존에 공급한 것과 같은 중국산 제품을 원산지 라벨 제거 없이 북
한 측에 그대로 공급했다가 반품 요청을 당하기도 하였다.[55]

▶ 2014.5.14.(수)

국방부 김민석 대변인의 "북한은 없어져야 할 나라"(5.12) 발언에 대하
여 어제 북한 국방위원회는 중대보도를 발표했고, 조평통은 대변인 성
명을 내놓았다. 조평통 대변인 성명에서는 "햇빛 한번 보지 못하고 살
아가는 두더지처럼 눈도 제대로 뜨지 못한 상통" "더러운 주둥이를 우
물거리며 내뱉은 소리"라고 하면서 김민석 대변인의 외모와 말 습관까
지 물고 늘어지며 수준 이하의 막말을 퍼부었다. 국방위 중대보도에서
는 "우리 군대와 인민은 우리 제도를 없애려는 특대형 도발자들을 가
장 무자비하고 철저한 타격전으로 온 겨레가 바라는 전면 보복전으로
한 놈도 남김없이 모조리 죽탕쳐 버릴 것"이라고 협박하였다.

아침에 이런 내용을 팩스로 받아보고 갑갑한 느낌을 지울 수 없었
다. 북측이 연락관 협의에 응해 올지도 의문시되었다. 연락관 접촉을
위해 나가는 박 과장에게 "무슨 말을 할 것이냐"고 물었더니 난감한 표
정을 지었다. "상황에 맞게 대처하라"는 말만 해주었다.

잠시 후 박 과장이 회의가 끝났다며 왔는데, 정세 관련 이야기는 일
체 없었고 우리가 어제 전달한 기업인들의 애로(화물차 동승자들의 세관
검사 과정의 복잡성)에 대해, 그것은 RFID와 관련 있는 것은 아니라고 해
명했단다. 또 공동위원회 제안에 대해서는, 지난 3월에 통보한 입장(분

---

55)   홍승표, 상게논문, pp.186-187.

위기가 좋아지면 개최)에 변화가 없다고 했다. 그러고는 "바쁘다"며 바로 자리를 떴다고 했다.

둘 다 조선중앙통신에서 보도되었기 때문에 북측이 아직 인지를 못 했을 가능성도 있고, 개성공단과 이 사안을 연계시키지 않겠다는 내부 방침을 세웠을 가능성도 있을 것이다.

▶ 2014.5.16.(금)

어제 처장회의는 취소되었다. 북측의 이유는 ① 바쁘다. ② 특별한 안건이 없다. ③ 현 시국을 들었다. 처장회의를 못하게 되었다는 통보에 대해 동의해 주면서도 이것은 당국 간 합의사항이니 다음 회의는 꼭 해야 된다는 점을 지적하였다.

남북 간 험악한 말들이 오가는 상황에서 만나봤자 성과가 없을 것이 뻔하고 그래서 한편으로 어쩔 수 없다는 생각이 들면서도 일순 무기력감이 엄습해 왔다. 북측에 의해 많은 우리 기업들이 내지 않아야 할 세금을 내고 임금은 편법으로 인상되고 있는데 국장이랍시고 여기 와 있는데도 할 수 있는 일이 별로 없다는 안타까움 때문이었다.

분위기가 안 좋을 때에는 조용히 기다리는 것이 좋다는 점을 모르지 않지만 세월호 사건으로 인해 또한 위정자들의 의지 부족으로 인해 누구도 적극적으로 일하지 않고 그래서 아무것도 되는 일이 없는 현 상황은 나의 기분을 가라앉히기에 충분했다.

그래서 생각해 낸 것이 북 관계자들을 만나는 아이디어였다. 우선 방명철 통행검사소장, 강일 세관장을 만나서 면을 트고, 류창만 처장,

세무처장도 분위기가 좋아지면 만나야겠다고 생각했다.[56]

　　하나님 아버지, 욕설이 오가는 상황 속에서 오늘 통검, 세관을 방문합
니다.
　　저의 발걸음이 수치와 모욕으로 귀결되지 않도록 지켜주옵소서.
　　다윗의 믿음을 저에게 허락하시고 어떠한 상황에서도 담대하고 지혜롭
게 대처하고 그들을 리드하도록 은총을 베풀어 주옵소서. 감사드리며 예
수님의 이름으로 기도합니다. 아멘.

▶ 2014.5.19.(월)

　　금요일 기도드리면서 추진했던 통행검사소 소장 면담은 하나님의 도
우심으로 별 탈 없이 끝났다. 그러나 문제는 그 뒤에 일어났다. 북측이
개성정보통신국의 라우터(router) 전원을 일방적으로 차단해 버린 것이
다. 우리 측 도라산 출입사무소와 관리위원회 간의 전자출입체계 통신
선이 끊어진 것이다. 통검 소장 면담에서는 전혀 낌새가 없었는데… 하
긴 이 문제는 통검과 별 상관이 없는 일이긴 했다. 부랴부랴 장관님과
차관님께 보고드리고 이강우 개성지원단장과 협의했다. 차분하게 보
고드리려고 했는데 장관님께서 어떻게 보고받으셨는지 모르겠다. 북측

---

56)　내가 만나고자 했던 관계자들은 개성공단과 관련한 북측 협조기관들의 수장이다. 개
　　성공단 내 북측 협조기관으로는 우선, 개성공업지구 지도기관으로 중앙특구개발지도
　　총국(2002년에 설립)이 있고, △공단 출입통로 지정 및 출입증명서 발급 등의 업무를
　　수행하는 출입국사업부, △인원, 차량의 통행을 관리하는 통행검사소, △물자 반출입,
　　세관검사, 보세구역을 관리하는 세관 등이 있었다. (개성공업지구지원재단, 『개성공단 관
　　리·운영 백서(2013년~2015년)』, p.36.)

의 조치로 인해 우리 측 인원이 도라산 출입사무소에서 매일 업데이트한 출입계획자료를 받아가지고 입경하여 개성공단 관리위원회 사무실에서 다시 업데이트하는 방식으로 전자출입체계 출입심사가 진행되는 다소 기형적인 형태로 운영될 수밖에 없었다.

상황을 점검해 보면, 북측은 드레스덴 이후 지도부 차원의 불쾌감 표명이 있었던 것 같다. 이러한 북측의 내부 의사결정이 현장 실무인력들의 태도에서 읽히고 있는 것이다, 소규모 지원은 "시시껄렁한 지원"으로 매도되어 배격되고 있다고 한다.

이 상황이 언제 극복될 수 있을 것인가? 최근 남과 북이 모두 대규모 참사를 당한 일을 인도적 차원에서 활용해 보면 어떨까, 남한은 세월호 사건, 북한은 평양 평천구역 아파트 붕괴 사건(5.13)을 당했다. 우리가 위로 전문을 보내고 지원 의사를 밝힌다면 북이 받을까? 가능성은 낮다. 그래도 우리의 진정성을 전달할 수 있다면 향후 남북관계 전개 과정의 변수가 될 수 있지 않을까? 이것이 한낱 얕은 꼼수가 되지 않기 위해서는 투명하게 하면서 진정성을 담는 노력이 필요할 것이다. 정도를 걸으며 국민적 공감대 위에서 하면 된다.

월요일 오늘, 입경하면서 금요일에 못 만났던 세관장을 잠시 면담했다. 세관장의 노력으로 우리 기업들의 체감 편의가 좋아졌다고 하자 강일 세관장은 앞으로 더욱 노력하겠다고 착한 발언을 했다.

▶ 2014.5.21.(수)

오늘 추기경님이 개성공단을 방문하신다.

하나님 아버지, 추기경님의 개성공단 방문이 성사되게 해 주시니 감사합니다. 바라옵건대 추기경께서 공단을 두루두루 살피고 개성공단의 의미를 더욱 잘 깨닫게 해 주시고 이번 방문이 남북관계 개선과 한반도 평화의 전기가 될 수 있도록 해 주시옵소서. 방문 과정에서 북측과 마찰이 없도록 해 주시고 안전한 방문 길이 되도록 살펴 주시옵소서.

하나님 아버지, 지금 남과 북은 극도의 불신 속에서 우발적 충돌이 큰 사건으로 번질 수 있는 일촉즉발의 위기국면을 지나고 있습니다. 이 상황을 타개할 수 있도록 계기를 만들어 주시옵소서. 오늘 추기경의 개성공단 방문이 남북 간 불신의 악순환을 신뢰의 선순환으로 전환시킬 수 있는 불씨가 되게 하옵소서.

무엇보다도 남북이 신뢰의 토대위에서 통행 자유화를 이룰 수 있도록 역사하여 주옵소서. 감사드리며 예수님의 이름으로 기도드립니다. 아멘.

필자가 염수정 추기경님을 맞이하는 모습, 추기경님 왼쪽이 홍양호 관리위원장,
필자 오른쪽은 천주교 신자인 맹충조 DKC 회장

점심시간에 염수정 추기경님과 식사를 하기 위해 식당으로 가면서 바라 본 차창 밖 공단 모습이 정겨웠다. 공단에 생기가 도는 것 같다. 추기경님은 참으로 온화하신 분 같았다. 근데 너무 피곤하신 것 같았다. 사무처 연혁을 간단히 말씀드리고 송도사절론을 설파했다. "개성공단이 송도사절이 되어야 하는데 이거는 인간의 힘으로는 안 되는 것 같습니다. 추기경님께서 기도해 주시면 감사하겠습니다"라고 부탁드렸다. 추기경님께서는 "남북 간 대화를 많이 해야 한다"고 말씀해 주셨다.

▶ 2014.5.23.(금)

어제 7시 30분경 숙소로 돌아와 바로 운동을 하고 있는데 TV자막에서 '북 연평도 인근 우리 함정에 포격'이라는 문구가 떴다. 포격 상황이 6시경에 일어났다는 점을 알 수 있었다. 처음에는 우리 함정이 2발 대응사격을 했다고 보도했으나 5분쯤 후에는 우리가 5발 대응사격을 한 것으로 수정 보도되었다.

상황이 심상치 않다고 판단해서 사무실로 전화해보니 본부에서 몇 가지 지침이 왔다는 것이었다. 숙소에 있어서는 안되겠다 싶어 차를 수배하여 급히 사무실로 와 보았더니 다행히 상황은 더 이상 악화되지 않고 있었다. 지침은 ① 신변안전 유의, ② 음주 자제, ③ 비상 대기 등이었다. 10시 20분쯤 박 부장과 함께 송악플라자로 가서 당구장, 노래방, 식당 등 현장을 점검했다. 노래방과 호프집이 제일 성황이었다. 노래방은 빈방이 없을 정도라고 했다.

오늘 상황을 복기하면서 해야 할 일과 교훈을 정리해 보았다. ① 차량이 항상 대기하고 있어서 유사시 빠른 시간 내에 이용할 수 있어야 겠다. ② 관리위원회와 연락해서 신변안전 지침을 이행하도록 해야 하겠다. ③ 유사시 우리 직원들이 사무실로 집결하도록 준비시켜야겠다. ④ 필요시 대북접촉을 할 수 있도록 북측과 협조해야겠다.

지난주 스승의 날이었지만 바쁘다는 핑계로 선생님들에게 감사편지나 전화도 드리지 않고 그냥 넘기고 말았다. 갑자기 나는 무엇 때문에 이렇게 바쁘게 사는가, 내 삶의 폭이 너무 좁지 않은가, 내 삶이 하나님을 기쁘게 하는 삶인가 등 여러 가지 생각이 스쳐 지나갔다.

나의 삶의 폭을 제한하는 요인들을 생각해 보자. 첫째는 가족이다. 아내와 아이들과 함께 하느라 어디 가지도 못하고 친지, 선생님들도 못 찾아 뵙고 집에 갇혀 사는 느낌이다. 지금은 어쩔 수 없는 측면이 있기도 하다. 평일은 북한에서 근무하고, 또 그러다 보니 주말만큼은 가족과 함께 시간을 보내는 것이 불가피한 것이긴 하다. 둘째, 물질의 노예가 되어 있다는 느낌이다. 이것이 가장 큰 문제이다. 그렇게 소심하게 살지 않아도 되는데 모든 것에 인색하다. 물질은 하나님께서 주신다는 것을 믿는다고 하면서도 사실은 믿지 못하고 있는 것이다. 셋째, 계획하고 기도하며 살아야 하는데 큰 그림 없이 사는 것이 문제이다. 계획하면 훨씬 깊게, 훨씬 풍성하게 살 수 있는데 그렇지 못하고 의미 없이 보내는 시간이 너무 많다.

▶ 2014.5.26.(월)

오늘부터 시작되는 통일교육주간을 맞이하여 통일교육의 주제를 고민해 본다. 통일은 북 주민들의 마음을 얻어야 이룰 수 있다. 이것을 학생들에게 어떻게 납득시킬까? 독일의 예를 설명하면 효과적일 것 같다. 서독의 동방정책, 그 일환으로 이루어진 대동독 지원의 지속, 이러한 독일 내부의 상황이 외부의 냉전 종식과 맞물려 베를린 장벽의 붕괴로 귀결되었다. 동독 수상 모드로가 점진적 통합을 이야기하고 소련이 어정쩡한 입장이었지만 또 서독에서조차 사민당의 점진적 통일론이 상당한 지지를 받고 있을 때, 이미 서독으로 마음이 기운 동독 주민들은 즉각적 통일을 원했고 결과는 동독 주민들의 바람대로 이루어졌다. 우리는 어떻게 될 것인가, 남북이 통일을 할 수 있는 상황이 벌어졌을 때 북 주민들은 누구를 선택할 것인가? 중국은 호락호락 통일을 허용할까? 자기 코앞에 미군이 오는 것을 용납할까? 우리가 미군이 북으로 가는 것을 막으면 미국은 그런 통일을 어떻게 생각할까? 국제사회는 북한에 대한 우리나라의 보호책임(Responsibility to Protect)을 허용할까?

결국 북 주민들이 우리를 선택해야 한다. 크림 반도를 보라!

그럼 어떻게 북 주민들의 마음을 사고 믿음을 얻을까?

① 인도적 지원이다. 특히 취약계층, 임산부, 영유아 지원은 투명성이 보장되는 한 아무리 해도 지나치지 않다. ② 개성공단의 활성화이다. 개성공단은 북한 근로자 5만여 명의 생계가 걸려있다. 가족까지 합치면 20만이다. 이들을 인간적으로 대하면 그들의 마음을 우리에게로 돌릴 수 있다. ③ 탈북자 지원이다. 현재 2만 5천 명[57]이 한국에 입국했다. 5만여 명이 중국 등 제3국에 있다고 한다. ④ 소문내지 않고 하는 것이 중요하다. ⑤ 믿음으로 하나님께 구하는 것이다.

---

57) 2025년 말 현재, 약 34,500여 명에 이른다.

북한 주민들의 마음을 남한으로 돌리는데 개성공단만 한 수단은 없을 것이다. 그들은 공단 초기에는 공단 근무를 꺼렸다고 한다. 그러나 막상 근무해 보니까 북한공장과 비교할 수 없는 우수한 시설 및 근무환경에 놀랄 수밖에 없고 남한 주재원과의 접촉 등을 통해 그들의 대남 인식도 자연스럽게 변해가서 그 변화된 인식이 그들 가족을 넘어 이웃에게 전해지지 않을 수 없었던 것으로 보인다. 개성공단 내에서의 자유분방한 행동이 공단 밖으로 퍼지는 것을 우려하는 북측 인사의 발언을 소개한다.

"개성공단이 처음 생기고 우리 측 성원들이 아무도 입직하려고 하지 않았어요. 무서워하더라고, 남측하고 일하다가 무슨 일 당하는 거 아닌가 하고 조심하더라고. 그래서 어느 날 내가 인민들을 모아놓고 호소를 했어요. 우리도 잘 살 수 있다. 북남이 힘을 합쳐서 잘한 번 살아보자. 걱정하지 말고 해 보자고 하면서 겨우 설득해서 입직하도록 했거든. 그런데 요즘 보면 너무 다들 익숙해져서 큰일이야. 우리 성원들이 공업지구에서 하는 말과 행동을 (개성공단 밖으로) 나가서도 그러는데 조심해야지. (여기하고 밖은) 좀 다르지 않갔어요."

— 50대(남), 개성시 인민위원회 간부이자 남북공동위원회 북한 측 간부[58]

---

58) 홍승표, 전게논문, p. 171.

▶ 2014.5.28.(수)

어제 숙소 옥상에서 직원 전체 회식을 했다. 회식후 탁구도 치면서 즐거운 시간을 보냈다. 개인사정으로 탁구를 치지 않았던 박과장 등 몇몇 직원들이 다소 소외되었던 점을 놓친 것이 아쉽다.

어제 통일부 인사 담당자가 신원진술서를 또 달라고 했다. 인사이동 때문일 게다. 어디일까? 가서 잘할 수 있을까? 나의 영예를 위해서가 아니라 하나님께 영광을 돌리기 위해서 나아간다면 하나님께서 알아서 인도하실 것이다.

▶ 2014.5.29.(목)

어제 교회 예배를 마치고 기도 모임을 가졌다. 늦은 시간이라 지친 몸이었지만 교회를 위해 기도하는 시간이 의미 있었다. 매주 하기로 했으니까 앞으로는 더 뜨겁게 기도해야겠다.

요즘 국내에는 사건, 사고가 끊임없이 일어난다. 나하고는 상관없는 일인 줄 알았는데 그 여파가 바로 내 코앞까지 다가왔음을 실감하는 사건이 발생했다. 어제 우리 가족들이 매일 출퇴근하는 도곡역 지하철에서 방화 시도가 있었다는 것이다. 다행히 역무원과 시민들이 응급조치를 잘해서 별 피해는 없었지만 생각만 해도 아찔했다. 집에 전화해 보니 아내는 피곤하다며 전화를 얼른 끊었다. 그래, 무소식이 희소식이니까!

▶ 2014.6.3.(화)

이번 주는 휴일이 많아 공단에 숙박하는 날이 없다. 이럴 때일 수록 직원들과 나의 업무 기강을 세울 때가 아닌가 생각된다. 어제 "협상 10대 가이드라인"을 장관께 보고드렸다. 장관께서는 내용 가짓수를 4~5개로 압축적으로 해 보라고 말씀해 주셨다.

저녁에는 대학생 대상으로 일일 통일교사를 했다. 며칠 전 머릿속으로 구상했던 대로 "한반도에 남북 간 통일을 할 수 있는 상황이 발생하면 통일은 우리 뜻대로 순조롭게 이루어질까?" 도발적인 질문을 던지고 결국은 우리가 북한 주민들의 마음을 얻어야 한다는 논지의 설명을 했는데 모두들 생각보다 진지하게 경청해주어서 내심 놀랐다.

어제 신원진술서를 작성해서 운영지원과에 제출했다. 청와대에서 H국장 후임으로 근무할 것이고 실제 일하기까지 1개월이 걸릴 것 같다고 했다. 청와대 분위기가 안보 중심인데 내가 가서 어떤 역할을 할 수 있을지 걱정이다. 기도하며 최선을 다할 수밖에 없다.

▶ 2014.6.5.(목)

오늘 처장회의는 10시 반에 개최되었다. 나는 서울로, 윤 처장은 평양으로 귀환해야 하는 일정을 감안하여 시간을 조정한 것이다.

나는 기업들이 큰 고통을 겪고 있는 세금 문제를 집중 제기했다. 내 발언의 초점을 북한 세무당국에 맞추고 경고성 발언을 퍼부었다.

기업들의 불만이 임계치에 이르렀고 이 상황을 방치할 경우 심각한 결과에 직면할 수 있다고 지적했다. 또한 남북 공동위원회 개최도 강조했다. 나의 목소리는 차분했고 긴장되지 않았다.

그러나 북측이 기반시설 관련 나의 언급("기반시설 공사를 위해서도 공동위가 열려야 된다")에 대해 공동위원회 개최가 기반시설 공사의 전제조건이냐고 역습해 왔을 때 순간 아차 싶었다.

곧 지혜를 발휘하여 나의 진의를 제대로 전달하겠다고 하면서, '전제조건은 아니다. 다만 중요한 영향요인'임을 강조했다.

교훈을 얻었다. 이런 것을 이야기할 때에는 반드시 전제조건 여부를 생각하고 말해야 한다. 또 좀 더 여유 있게 "당신 생각에는 우리가 전제조건으로 삼고 있는 것 같으냐" 이렇게 되물으면서 여유 있게 "우리는 그런 것을 전제조건으로 걸지는 않는다"라고 해주었으면 더 당당하지 않았을까 생각해 보았다.

▶ 2014.6.9.(월)

사흘간의 휴일을 보내고 복귀했다. 목이 아프고 기침이 나는 증상이 계속되고 있다. 너무 바빠서 의사에게 못 가본 것이 후회되었다. 약사가 준 약을 꾸준히 먹었지만 차도가 없다. 탐욕에 찌든 나에게 가해지는 하나님의 경고일까?

수요일에는 기재부 과장이 온다. 짧은 시간에 무엇을 이야기하면 그의 기억 속에 개성공단에 대한 임팩트 있는 스토리가 각인될 수 있을까?

▶ 2014.6.10.(화)

개성공단 발전을 위한 근본적 대책을 원점에서 재검토하면 무엇부터 해야 할까?

3통이 최우선 과제가 아닐까? 아니다 이렇게 접근해선 안될 것 같다. 좀 더 구조적 문제를 짚어야 한다. 정부가 기금을 대고 기업은 저임금으로 이익을 보는 이 구조가 지속가능한가? 북한은 지속적으로 합의를 위반하고 우리는 합의준수를 외치는 이 상황이 개선 가능한 것인가? 북한의 비핵화가 요원한 상황에서 개성공단의 국제화가 가능한 것인가?

정리해 보면 첫째, 사업 구조상의 문제부터 짚어야 한다. 정부의 기금 지원은 어느 정도로 언제까지 해야 할 것인가를 생각해 보아야 한다. 다시 말해 개성공단이 자립할 수 있는 목표 시점을 정해보는 것이다.

둘째, 대북사업의 실현 가능성 문제이다. 시장원리도 지키지 않고 도발을 일삼는 북한 정권이 지배하는 지역에서 시장사업을 하는 것이 가능한 일인가? 북한을 교육시키고 제도화를 차근차근 진행해나가는 수밖에 없을 것이다.

셋째, 개성공단의 손익계산서를 짜봤을 때 단기적으로 또는 중장기적으로 우리에게 이익인가? 단기적으로는 몰라도 중장기적으로는 북한의 변화가 변수이기는 하지만 충분히 가능성이 있다는 생각이 들었다.

넷째, 개성공단 국제화는 당분간 중국과 협조하면 어떨까? 하는 생각이 들었다.

▶ 2014.6.11.(수)

아내가 그래도 이사 준비 과정을 하나하나 잘 헤쳐나가고 있다. 어제 전화해봤더니 이사 청소를 잘 끝냈다고 했다. 이사업체 남자 직원들과 만나서 부탁하고 시키고 협상하는 것이 쉽지 않았을 텐데 격려해주어야겠다.

'하나님 아버지, 우리 아내를 끝까지 보살펴주시고 크고 귀하게 사용하여 주옵소서'라고 기도를 드렸다. 기도드리려고 두 손을 맞잡은 김에 다시 눈을 감았다.

> 하나님 아버지,
> 이 어려운 남북관계 상황 속에서 개성공단을 주시니 감사합니다.
> 하나님 아버지,
> 이 외롭고 힘든 개성공단 안에 개성교회를 주시니 감사합니다.
> 하나님 아버지,
> 이 북녘땅에 공동위원회 사무처를 주시니 감사합니다.
> 하나님 아버지,
> 개성공단이 통일의 마중물이 될 수 있도록 인도하여 주옵소서.
> 남과 북이 서로 화합하고 협력하여 더 큰 선을 이루는 역사를 이루게 하옵소서.
> 하나님 아버지,
> 개성교회가 개성공단의 구심체가 되게 하옵소서.
> 성도들이 서로를 의지하고 어려움을 하나님께 아뢰며 은혜를 누리게 하옵소서.
> 하나님 아버지,

공동위원회 사무처가 개성공단의 안전판이 되게 하옵소서.

개성공단이 보다 진실한 협력의 장이 될 수 있도록 남북의 당국자들이 머리를 맞대게 하여 주옵소서.

올해는 아내와의 만남 20주년이자 결혼 20주년이 되는 해이다. 특별하게 기념하는 방법이 없을까? 편지만으로는 뭔가 부족하다. 해외여행을 하고 싶은데 청와대에 들어갔을 때 그럴 수 있는 상황이 될까?

어제 한 TV프로그램에서 보았듯이 아내 생각에 "내가 진짜 한 남자로부터 진정한 사랑을 받고 있구나" 하는 것을 느끼게 하는 것이 좋을 것 같은데….

어떻게 하면 아내가 그것을 느낄 수 있을까?

귀중한 선물을 주는 방법이 좋을까?

공연을 같이 보는 방법은 어떨까?

여름에는 강화도 또는 춘천으로 가자!

예산담당자가 공단을 방문했다. 북측 A과장의 협조가 있었다. 우리는 내년도 예산, 특히 기반시설 예산을 설명하였다.

예산담당자는 공동위원회가 몇 번 개최되었는지, RFID는 왜 설치만 하고 상시통행은 왜 이루어지지 않는지 질문하였다. 그 말을 듣고 기반시설 예산이 삭감되면 어쩌나 하는 걱정이 생겨서, 개성공단 상시통행을 이루기 위해 우리가 그 과제를 정책 1순위로 삼고 북측을 설득하고 있다고 강조하였다.

▶ 2014.6.12.(목)

오늘 처장회의는 평균작 이상이었다. 분위기를 악화시키지 않으면서도 할말은 다 했다.

첫째, 기업들이 통행, 인터넷 등이 진전이 없어서 힘든 와중에 세금 압박까지 받아서 불난 집에 부채질을 당하고 있는 격이다. 북측 세무 당국의 처사는 소탐대실임을 강조했다.

둘째, 북측이 6.15 민간행사 불허를 물고 늘어지길래 북측이 6.15를 이행하려 한다면 6.15의 산물인 개성공단 3통부터 지켜라, 한 걸음 더 나아가 북측은 6.15를 강조하는데 사실 북측이 안 지킨 게 있다고 지적했다. 그게 뭔지 아는가! 질문했더니 아무도 대답을 못 했다. "김정일 위원장이 서울방문 합의를 안 지킨 것이다."라고 했더니 북측 분위기가 싸해졌다. "이런 이야기 여기서 더 해봤자 소용없지" 하면서 화제를 돌리는 데 성공했다. 북한에 다시 한번 공동위원회 일정을 확인해 보았다. 북한은 6월 중 공동위원회 개최는 힘들다는 입장이었다. 7월에나 가봐야 된다고 했다. "유감" 입장을 표명해 두었다.

▶ 2014.6.13.(금)

오랜만에 아내와 함께 영화관을 찾아, "엣지 오브 투모로우"를 봤다. 외계인의 침공 후 시간 루프에 갇힌 공보장교 요원 빌 케이지(톰 크루즈 출연)가 죽었다가 살아나는 일을 반복하면서 성장하고 운명을 바꾸어 가는 다소 황당한 이야기이다. 우리 삶의 중요하고 결정적 순간은 모두 새롭고, 다시 반복될 수 없다. 그러나 우리의 일상사 가운데에는 이 영화 이야기처럼 다람쥐 쳇바퀴 도는 반복적 일도 많다는 생각도 들었다. 그래서 우리가 앞으로 나아가기 위해서는 수동적으로 시간을 흘려보내서는 안되고, 일상사 또한 끊임없이 과거를 반추하고 의식적 개선 노력을 기울여야 한다는 깨달음이 뇌리를 스쳐갔다. 개성공단 사업에도 일상적이고 반복적인 일이 많을 것이다. 그러나 개성공단 사업을 하다보면 특별히 중요하고 결정적 순간을 더 자주 마주치게 된다. 그런 일은 두 번 다시 오지 않기 때문에 순간순간 우리를 스쳐 가는 기회를 붙잡아야 하는 개성공단 일과는 연습 없이 직면해야 하는 내공의 일전이라고 나름 정의를 내렸다. 그래서 평소 내공을 다지기 위한 노력과 분투를 지속해야 하겠다는 다짐도 새롭게 해보았다.

▶ 2014.6.17.(화)

이사가 무사히 끝났다. 하나님께 감사기도를 드렸다. 남은 거는 아내가 정리, 정돈하는 것이다. 아내는 몸살이 날 정도이다. 그럼에도 불구하고 쉬지 않고 일하는 것을 보면 깡이 보통이 넘는다. 나는 수면이 부족하여 지금도 해롱해롱한다.

이사할 때마다 느끼는 바이지만 이사는 힘들다. 이 집에서 오래 살수 있도록 기도드려야 하겠다.

어제는 세종시로 가서 송언석 국장을 만났다. 개성공단 사업비 1억 5천만 원을 추가 요청했다. 남북관계는 8월이 고비인 것 같다. 교황의 방한, 9월의 아시안 게임 관련 남북 접촉, UFL 훈련 등 긍정적, 부정적 계기가 교차하는 달이다. 추석 이산가족 상봉을 위한 접촉도 필요할 것이다. 아시안 게임, 교황 방문 등으로 남북관계에 훈풍이 불면 개성 공단에도 긍정적 영향이 있을 것이다. 이런 상황 속에서 나는 지금 무엇을 해야 하나?

목표는 상시통행 실현, 세금 문제 해결이다. 또한 상시통행이 되다가도 북이 자의적으로 과거로 회귀하지 못하도록 하는 방안도 검토해야 한다. 적절한 시기에 개성공단 활성화 조치를 발표했으면 한다. 북한의 호응을 쉬 얻을 수 있는 주차장 건설, 기술교육센터 가동, 탁아소 건설, 출퇴근 도로 보수를 전면 시행하는 것이다.

▶ 2014.6.19.(목)

우리가 오늘로 날짜를 정해 제안한 공동위원회 개최가 끝내 불발이다. 그런데 이에 대한 항의문건을 공동위원장 명의가 아닌 사무처 명의로 보내라고 한다. 황당한 일이 아닐 수 없다. 이는 대내적으로 생색내기에 불과하고, 대북 저자세에 다름아니다. 우리가 공동위원회를 제안하고 이에 북한이 호응하지 않는 데 대해 공동위원장 명의로 유감을 표명하지 못하는 것은 무슨 연유인가. 과거 정부에서도 이렇게 저자세를 보이지 않았다. 공동위원회 불응에 대해 사무처 명의로 문건을 보내게 되면 사무처 권한 문제로 시끄러워지면서 북측의 부당한 행태를 교정하고 경고하겠다는 우리 본래의 의도는 전혀 달성할 수 없게 된다. 북측은 문건을 수령도 하지 않을 것이다. 사무처를 활용하겠다는 아이디어는 좋으나 그렇게 하기 위해서는 공동위원회에서 사무처 권한을 강화하기 위한 조치부터 먼저 취할 필요가 있다.

사무처장 회의를 앞두고 약간 긴장되었다. 북측이 공동위원회 개최에 불응한데 대해 항의 및 유감을 표명해야 하는 다소 불편한 자리였기 때문이다. 문서를 들고 읽으면 분위기가 경직되기 때문에 그것의 핵심내용을 외우고 수첩에 적었다. 읽는 모양새가 아니라 그것을 소화해서 말하는 모양새로 자연스럽게 입장을 피력했다.

'오늘 공동위원회를 개최해야 할 날짜이다. 개성공단 발전 의지가 있다면 분위기 따지기 전에 합의이행에 적극 나서야 할 것이다. 그동안 귀측은 정세와 분위기, 우리 대북정책을 들어 회담과 협의에 불응해 왔다. 그러나 남북은 개성공단 정상화 합의서를 통해 정세의 영향을 받음이 없이 공단을 정상적으로 운영하기로 했다. 귀측의 회담 불응은 이 합의를 위반하는 것이다. 반면 우리 측은 RFID 자재장비를 일관되게 제공하고 있다. 그리고 우리가 공동위원회 개최 제의를 문서로 했으니 답변을 문서로 해 주기 바란다. 또한 세금 문제는 2013년 2차 공동위원회에서 면제하기로 합의한 것이다. 북한이 계속 이 합의를 지키지 않으면 기업들은 피해를 입고 개성공단에 대한 대내외 신뢰도 훼손이 불가피하다. 세금 납부문제에 대해서는 기업책임자회의에서도 공문을 보낸바 있는 만큼 나의 문제 제기를 무겁게 받아들여주기 바란다'

이에 대한 북측의 대답과 논리는 간명했다. 공동위원회 개최 문제에 대해 사전에 구두로 충분히 고지했고 지금도 신중히 검토중이라는 것이다. 고성도 없었고 큰 언쟁도 없었지만 우리의 의사는 분명히 전달했다.

▶ **2014.6.20.(금)**

뒤돌아봐야 한다. 그래야 발전이 있다. 남북 간 처장회의에서도 회의 후에는 무엇이 효과적이었는지, 문제는 없었는지 분석하지 않고는 발전과 개선이 없다. "정리하고 분석하자."

첫째, 비꼬는 말투를 없애야 한다. 처장회의에서 나의 이러한 말 습관 때문에 티격태격할 때가 있는 것 같다.

둘째, 긍정적 언어를 사용하자. 주어와 목적어는 객관적, 중립적인 용어를 선택하고, 동사는 문어체를 사용해서 "우리는 ~하자"라는 메시지를 내자. 상황을 솔직히 표현하자!

요즈음 나의 업무 초점은 사무처 기능 확대 문제이다. 합의사항 이행을 현장에서 점검하고 미진한 사항이 진전되도록 지원하는 업무, 그리고 제도개선 사항을 상호 제기하는 것을 사무처의 공식적 기능으로 추가하기 위해 애쓰는 중이다. 문제는 북한이 사무처 기능 확장을 달가워하지 않는 점이다. 그러다 보니 서울 입장도 그닥 적극적이지 않은 것 같다. 둘째는 3통 문제, 셋째는 세금 문제이다.

현장 기업들의 가장 큰 관심사는 노동력 확보이다. 노동력 수요가 공급을 초과하는 상황이 지속되고 있기 때문이다. 임금이 하도 싸다 보니 노동력을 확보하기만 하면 생산량이 늘어나 기업에 이득이 되기 때문일 것이다.

북측의 가장 큰 관심사 중의 하나는 임금 인상인 것 같다. 일부 기업들에서는 북측 근로자들이 집단 사직서를 내놓고 임금을 올려주지 않으면 다른 기업으로 옮기겠다고 협박한다고 한다.

북측은 임금인상에 목을 메고 있었는데, 우리 기업들이 북측 근로자들의 저임금으로 많은 수익을 올리고 있다고 인식했다.

"아니, 생각을 좀 해보라. 남측은 자본주의 아닌가. 돈을 벌었으면 그만큼은 돌려주고 잘하면 더 주고 못 하면 채근하는 게 맞는 거지 않나. 내가 공업지구 처음에 기업들 상태도 너무 잘 알고, 그때 법인장 선생들 타고 다니던 차량도 고작 1만 달러 2만 달러짜리였던 것 다 기억하고 있다. 근데 지금은 어떤가, 8만 달러짜리도, 심지어 10만 달러가 넘는 경우도 있다. 우리 측에서는 아무것도 모르는 줄 아는가. 공업지구 가동한 지 10년 되었다. 모를 거라고 생각하는 건지, 모르는 척 하는 건지. 생산성 올라간 만큼 다 올려달라는 것도 아니고 기존보다 조금만 더 올려달라는 건데, 그리고 우리 성원들이 공업지구에서 함께 있은지도 오래되고 정도 들고 했을 텐데, 이러면 안 되는 거 아닌가. 남측에서 이러면 말이 되는 상황이가?"

— 50대(남), 북한 종국 협력부 보장성원[59]

북측과 처장회의 시 강조하는 것 중의 하나는 투자유치국으로서의 자세이다. 투자유치국은 투자자의 불편을 해소해 주는 적극적 자세가 가장 중요하다. 통행 불편 해소, 인터넷 개통 등은 투자유치국의 의무이기도 하다는 점을 수시로 피력하고 있다. 또한 개성공단의 즉흥적 운영은 기업들이 연간계획을 짜서 운영하는데 큰 장애요인이 되어 공단의 발전을 저해한다고 강조했다. 북측의 단골 메뉴는 5.24 조치 해제, 반출 규제 해제, 기반시설 지원 등이다.

---

59) 홍승표, 상게논문, p.136.

▶ 2014.6.23.(월)

개성에 도착하자마자 북이 4시에 처장회의를 하자고 한다. 무슨 일일까? 첫째는 공동위원회 관련 굿 뉴스를 전할 가능성 둘째, 세금 관련 항의를 할 가능성이 있다. 관리위원회에 관련 동향을 파악한 결과 세금 관련해서는 아무런 동향이 없다고 한다. 총국에서 아무런 동향이나 언급이 없는데 윤 처장이 사무처를 상대로 그것을 언급할 가능성은 높지 않다.

만약 굿 뉴스일 경우 대처요령에 대해 생각해 보았다.

"보고하겠다. 구체적 문제는 사구처간 협의하자. 늦게나마 공동위원회가 개최되게 된데 대해 평가하는 바이다."

항의의 형식일 경우는?

기본입장을 계속 이야기하는 것이다. 개성공단의 발전적 정상화, 국제화, 합의이행을 지속적으로 언급해야 한다. "윤 처장은 당국 대표답게 책임 있는 자세를 취하기를 바란다. 섣불리 판단해서 경거망동하지 말 것을 촉구한다"

결과는 굿 뉴스였다. 6월 26일 공동위원회를 하자는 제의였다. 사전에 생각해 둔대로 차분하게 말했다. 특기할 것은 북한이 개성공업지구 관련 부정적 여론이 일어나는 것에 대해 두어 번이나 지적했다는 점이다. 북측이 합의를 어기는 일을 반복하면 개성공업지구의 영상이 흐려진다고 내가 일관되게 지적한 것에 대한 반응일지도 모르겠다.

▶ **2014.6.27.(금)**

어제 공동위원회 5차 회의가 아쉽게 끝났다.[60] 나의 당국회담 데뷔전이 차질 없이 끝난 것까지는 괜찮았는데, 3통 분과위원회 일정, 세금 면제 문제가 해결되지 않은 것은 안타까운 일이다.

공동위원회 5차 회의, 왼쪽 2번째가 필자

첫째, 서울 본부에서 음성이 잘 안 들린다고 해서 전체 회의를 50분만에 끊은 것에 대해 화가 났다. 실질 협의가 이루어지고 있었고 북한을 설득할 수 있는 시간이었기 때문이다. 결국 오전회의는 전체 회의

---

60) 개성공단 남북공동위원회 제5차 회의 결과(통일부 남북관계관리단 홈페이지 "회담별 자료")
   • 쌍방은 개성공단의 발전과 관련한 제반 문제들을 포괄적으로 협의하였음.(전체회의 1회, 위원장 접촉 2회). 우리 측은 남북 간 합의사항 이행이 중요하다는 점을 강조하면서, 특히 일일 상시통행 실시와 인터넷 공급 등 3통 문제의 조속한 해결을 촉구하였음. 또한, 2013년 세금면제의 성실한 이행, 상사중재위의 조속한 가동 등을 촉구하면서 관련 분과위 개최를 제의하였음. 북측은 개성공단 관련 제도개선 문제, 공단 관리운영 문제 등에 대한 자기 측 입장을 설명하였음.
   • 쌍방은 3통 문제 등 개성공단의 발전적 정상화를 위한 주요 현안을 향후 지속적인 협의를 통해 해결해 나가야 한다는 점에 공감하였음. 북측은 우리 측이 제의한 공동위 및 분과위 개최 문제에 대해 긍정적으로 검토하고 향후 구체적 일정은 개성공단 공동위 사무처를 통하여 통보하기로 하였음.

하나만으로 끝나고 오후 단장회의는 2시 반에나 열렸다.

둘째, 우리 측이 상부 지시에 따라 천안함 폭침의 범죄자에게 조사를 맡길 수 있느냐 등 북한을 자극하는 언사를 사용한게 아쉬운 대목이었다.

북한은 이 회담을 분위기 좋게 끝내기 위해 작정을 하고 나온 듯이 보였다. '폭침' 소리를 듣고 그 자리에서는 강하게 반발하면서 퇴장했지만 1시간여만에 다시 돌아왔다. 사죄 요구도 없었다. 그런 용어를 사용하지 않았다면 분과위원회 날짜 정도는 합의할 수 있지 않았을까?

셋째, 우리 측 대표 한 명의 논리적 언술을 보며 깨닫는 바가 많았다. 말을 신중히 하고 반드시 이유를 말하며, 항상 수미일관하도록 노력하면 나의 말도 그처럼 훨씬 무게감 있게 전달할 수 있을 것이다.

▶ 2014.7.2.(수)

6월 30일 북한이 느닷없이 국방위원회 특별제안을 발표했다. 7월 4일 0시를 기해 비방 중상을 중단하자고 하면서 병진노선을 헐뜯지 말고 UFG를 중단하라는 것이었다.

우리의 대응은 그다음 날, 7월 1일에 나왔다. 북측 제안은 진실성이 결여되었으며, 얼토당토않은 제안이라고 일축하고 말로 하지 말고 우리의 대화 협력 제의에 성의있게 나오라고 응수하였다.

오늘 북한이 실무접촉에 어떻게 나올지 궁금했는데 북한은 일단 접촉에 나왔고, 나와서는 분과위원회 개최 여부를 묻는 우리 측 질문에 기다리라고 하고는, 더 전달할 것이 있는지 확인한 후에 서둘러 일어섰다.

접촉시간은 5분이 채 안되었다. 북한의 불편한 심경이 그대로 묻어 나왔다. 북한의 미사일 발사가 이어지고 있는 가운데 내일 시진핑 주석이 북한에 앞서 한국을 방문한다.

▶ 2014.7.3.(목)

윤 처장이 평양에 갔다고 한다. 처장회의는 못하게 되었다. 윤 처장에게 제대로 작별 인사도 못하고 개성공단을 떠나게 될 것 같다.

신원, DKC 등 입주기업들과 한전 등 입주기관을 돌며 마지막 인사를 드렸다. 관리위원회 북측 협력부, 북측 세관 등에도 근무지를 옮기게 되었다고 알리며 악수를 건넸다.

개성공단을 떠나면서 여러 가지 생각이 떠올랐다. 내가 개성공단 사무처장으로 취임했던 당시, 입주기업 123개 업체 중 91개사만 가동하고 가동율도 56%에 불과하였으나 작년 12월말에는 가동율이 85% 수준으로 증가하였고 내가 떠나는 오늘 상황을 보면 거의 개성공단 잠정 중단 이전 수준으로 회복되었다고 한다.

그러나 여전히 3통은커녕 1통(통행)도 실현되지 못하고 있다. 전자출입체계를 구축함으로써 일일 단위 상시통행을 위한 기술적·물리적 기초는 마련했지만 거기까지였다. 기업들의 통행 불편을 해소하지 못한 것이 가장 큰 아쉬움이다. 세금 문제는 우리 측의 강력한 문제제기에 따라 더 이상 불거지지는 않을 것 같아서 그나마 다행이다.

개성공단이 우보만리(牛步萬里)의 지혜 안에서 장차 송도사절이 되고 21세기 벽란도처럼 흥왕하는 명소가 되기를 기도했다.

5.

청와대에서 지켜본
개성공단 전면 중단의 순간

나는 개성공단을 떠나온 후 청와대로 발령받아 통일정책
과 남북회담 분야를 담당하고 있었기 때문에 개성공단 사업과는 약간
비켜나 있었다고 할 수 있다. 2015년에도 그럭저럭 유지되던 개성공단
은 2016년 초에 이르러 결국 파국을 맞이하고 말았다. 북한이 2016년
1월 6일에 4차 핵실험을 감행한 것이다. 박 대통령은 1월 13일 신년 기
자회견에서 개성공단의 중단 가능성을 시사하며 북한의 추가 도발을
막으려 했다.

그러나 핵무력 고도화를 향해 질주하기로 마음 먹은 북한이 이를 귀
담아들을 리 없었다. 핵 실험 1달만인 2월 7일, 북한의 장거리 미사일
발사가 이어졌다. 이런 상황이었지만 나는 '그래도 우리가 먼저 개성공
단을 완전 중단하지는 않겠지'라는 실낱같은 희망을 안고서 긴장 속에
설날 명절(2월 8일)을 보냈다. 그러나 개성공단을 레버리지로 북한의 도
발을 저지해 보기로 마음먹은 정부가 필자와 개성공단 기업의 작은 소
망에 귀를 기울일 리가 없었다. 결국 2월 10일 정부는 개성공단 전면
중단을 발표하였다.

문재인 정부 출범 직후 설치된 통일부 장관 직속 정책혁신위원회는
이러한 개성공단 전면 중단 결정이 정부 내 공식적인 의사결정 체계를
거치지 않고 박근혜 전 대통령의 일방적인 구두 지시에 따라 결정되었

다고 발표하며 절차상의 문제를 지적했다. 정책혁신위원회 발표[61]를 근거로 중단 결정 과정을 날짜별로 보면, 2월 7일 북한의 장거리미사일 발사 직후 국가안전보장회의에서는 북한의 도발에 단호하게 대응해 나가기로 하는 원칙적인 논의를 했지만 전면 중단을 결정한 바는 없었는데, 2월 8일 오전 청와대 외교안보수석이 통일부 장관에게 개성공단을 철수하라는 박근혜 대통령의 구두 지시가 있었음을 통보하였다는 것이다. 이러한 지시에 의거, 2월 8일 오후 안보실장이 회의를 소집해서 통일부가 마련한 철수대책안을 기초로 사실상 세부계획을 마련하였고, 이틀 뒤 2월 10일 국가안전보장회의(NSC) 상임위원회에서 개성공단 전면 중단을 협의하였다는 것이다.

나는 2월 10일 오전에 비서실장 주재 NSC 상임위원회를 준비하라는 지시를 받았다. 그 회의에서 개성공단 전면 중단 관련 정부성명 초안이 나왔다. 외교안보수석실 내부 검토를 거쳐 수정안이 부속실로 보내졌고 점심 식사 후에 최종본이 내려왔다.

오후 2시 20분경 최종 성명에서는 초안과 달리 다음과 같은 내용이 추가·보완되었다.

"그동안 우리 정부는 북한 주민들의 삶에 도움을 주고 북한경제에 단초를 제공하며, 남북한이 공동 발전할 수 있도록 북한의 거듭된 도발과 극한 정세에도 불구하고 개성공단을 지속적으로 유지하기 위해 노력해 왔습니다. 또한 개성공단을 국제적 규범에 부합하는 공단으로 조성한다는 입장 하에, 개성공단이 발전해 나갈 수 있도록 최선을 다해 왔습니다. 그러나 그러한 지원과 우리 정부의 노력은 결국 북한의 핵무기와 장거리미사일

---

61) 통일부 정책혁신위원회 '정책혁신 의견서' 발표(2017.12.28. e-브리핑시스템(http://ebrief korea.kr)

고도화에 악용된 결과가 되었습니다.

　　지금까지 개성공단을 통해 북한에 총 6,160억 원(5억 6천만 불)의 현금이 유입되었고, 작년에만도 1,320억 원(1억 2천만 불)이 유입되었으며, 정부와 민간에서 총 1조 129억 원의 투자가 이루어졌는데 그것이 결국 국제사회가 원하는 평화의 길이 아니라, 핵무기와 장거리 미사일을 고도화하는데 쓰여진 것으로 보입니다.

　　이는 우리 정부와 개성공단 124개 입주기업들의 노력을 무참히 짓밟고 우리 국민들의 생명과 안위를 위협하는 것입니다. 이제 우리 정부는 더 이상 개성공단 자금이 북한의 핵과 미사일 개발에 이용되는 것을 막고, 우리 기업들이 희생되지 않도록 하기 위해 개성공단을 전면 중단하기로 결정했습니다."

　　개성공단에 유입된 현금이 핵과 미사일 개발에 사용되었다는 구체적 증거는 제시되지 않았다. 그로부터 며칠이 지난 2월 15일, 국회 외통위에서 홍용표 장관은 개성공단 달러가 핵·미사일 개발에 쓰였다는 "확증은 없는 상태에서 그에 대한 우려만 있었다"고 고심 가득한 발언을 하였는데 이로 인해 여야 의원들 간에 큰 논란이 일었다.

　　또한 개성공단을 통해 우리 기업과 우리 경제가 누린 수혜도 언급되지 않았다. 개성공단의 누적 생산액은 개성공단으로 유입된 현금액의 5배 가까운 26억 7천만 불로 보고되었다.[62] 더욱 중요한 실수라고 느낀 것은 개성공단 중단이 북한의 핵·미사일 개발을 막을 수 있는 적절한 수단인지에 대한 진지한 고려가 없었다는 점이다.

---

62)　개성공업지구지원재단, 『개성공단 관리·운영 백서(2003년~2015년)』, p.111.

그나마 다행이라고 생각한 것은 당초에는 개성공단 폐쇄라는 표현을 사용했지만 최종적으로 전면 중단이라는 용어로 가닥이 잡혔고 앞으로도 가급적 폐쇄라는 언급은 하지 않도록 하는 데 의견이 모아졌다는 사실이다.

TV를 통해 개성공단 기업들이 짐을 싸고 복귀하는 것을 보면서 착잡한 기분이 들었다. 하나님께서 개성공단을 이렇게 문 닫게 하실 것 같지는 않았다. 개성교회를 중심으로 수많은 성도들이 개성공단의 안정적 발전을 간구하며 올린 기도 제목들이 땅에 떨어져 버리지는 않았을 것이다. 하나님께서 가장 적합한 때, 가장 적합한 방식으로 개성공단을 다시 열어달라는 우리 기도에 응답하실 것으로 믿었다.

그러나 안타깝게도 10년이 지나도록 아직 개성공단은 깨어나지 못하고 있다. 하나님은 언제 어떠한 방식으로 개성공단을 부활시키실까?

6.

개성공단을
다시 살리기 위한 제언

상식적 관점에서 보면, 개성공단을 재개시키려면 한반도 비핵화가 완료된 이후라야 가능할 것이다. 북한의 핵무장이 포기되지 않는 한 현재의 대북 제재는 지속될 수밖에 없고 단언컨대, 현 대북 제재 아래에서는 개성공단 사업을 살릴 수 있는 방법은 없다. 현재에는 나사와 볼트 같은 가장 기초적 부품조차 북한으로 반출하기 어렵기 때문이다.

그러나 그때까지 기다릴 여유를 가진 사람은 많지 않을 것이다. 그래서 개성공단 사업을 한반도 비핵화 프로세스를 촉진하는 정책수단으로 활용하는 방안을 검토하는 것이다. 한반도 비핵화가 완료되기 전에 개성공단 사업을 시작하려면 개성공단 사업이 대북 제재 면제를 받아야 한다. 북한에 대해서는 비핵화를 유인하는 레버리지 가운데 하나로 개성공단을 제시하고, 미국 등 국제사회에 대해서는 한반도 평화와 남북관계의 안정적 관리의 수단으로 개성공단의 중요성을 설득하여 대북 제재를 면제받아야 비로소 공단 복구사업이 재개될 수 있는 여지가 생긴다.

내가 생각해 본 개성공단 재개 및 발전방안을 간략히 소개해 본다. 우선 우리가 개성공단을 의제로 북한과 직접 협상을 벌이는 방안을 생각해 볼 수 있다. 그러나 이 방안보다는 우리가 미국과 먼저 한반도 비핵화와 개성공단 사업을 포함한 대북 패키지 딜에 대한 담판을 벌이고 이러한 한미 간 합의를 토대로 북한과 협상하는 방안이 실현 가능성이 더 높을 것이다. 북한이 당분간 적대적 대남 입장을 견지할 가능성이 높고 개성공단 사업의 대북 제재 관련성이 높기 때문이다. 2019년 하노이 노딜 상황을 복기해 보자. 당시 북한은 영변과 대북 제재를 맞바꾸고 싶어 했고 미국은 영변 + α(알파)를 요구했다. 서로의 마음속에 상정했던 거래 등식의 균형이 맞지 않았기 때문에 협상은 결렬되고 말았다. 2019년과 지금의 상황은 많이 바뀌었지만 기본의 기본은 양측의 등식을 맞추어 가는 것이다. 즉 영변 + α와 대북 제재 해제로는 거래 등식이 성립되지 않아 협상이 결렬된 만큼 한미 간 협의를 통해 "영변 + α = 대북 제재 해제 + β(베타)"로 균형을 맞추는 방안을 검토해 보는 것이다. 그럼 β는 무엇인가? 우리에게는 부담이 덜하고 북한에게는 유인책이 되는 대안을 모색해 보아야 한다. 나의 아이디어는 이 β에 개성공단 및 경제발전특구 조성을 담아 보자는 것이다. 경제발전특구는 남북과 해외가 공동으로 개발하는 것이 좋을 것이다.

경제발전특구 조성을 지원할 때에는 북한이 추진하는 이른바 "지방발전 20×10정책"을 참조하여 계획을 짜야 할 것이다. "지방발전 20×10정책"은 북한이 2024년 1월에 채택한 것으로 매년 20개 군에 지방공업공장을 건설하여 10년 안에 모든 시·군의 물질문화와 생활 수준을 향상시키는 것을 목표로 삼고 있다. 미국이 북한과 핵담판을 벌일 때 미국이 가져갈 패키지 딜 속에 개성공단과 특구개발을 담는 것이 매우 중요하다. 이를 위해 첫째, 미측에 개성공단 사업 추진의 전략적 의미를 설득해 내야 한다. 개성공단 사업이 한반도 평화와 북한의 변화를 견인하는데 기여한다는 점을 부각하고, 개성공단 사업은 대표적인 남북협력 사업으로 남북 간 군사적 긴장완화 및 한반도 평화에 기여하는 프로젝트인 점, 개성공단 사업은 북한을 일방적으로 지원하는 퍼주기 사업이 아닌 남북 상생의 평화경제 사업이라는 점도 강조하면서 UN 제재결의의 제재 면제 조항을 활용하여 개성공단에 대한 포괄적인 제재면제 조치를 받아 내야 한다. 북한을 도발국가에서 민생국가로 변화시키는 출발점으로써 이 사업의 의미와 로드맵을 정밀하게 그려서 미국을 설득해야 할 것이다. 필요하다면 북 비핵화 조치 진전과 연동하여 단계별 확대를 추진하되, 북한이 비핵화 프로세스를 중단하거나 이행하지 않을 때에는 제재를 원상복구하는 스냅백 적용방안도 제시해 볼 수 있을 것이다. 또 사업의 안정성을 확보하고 평화를 굳건히 하는 차원에서 미국, 중국 등 해외기업을 공단에 유치함으로써 다국적 경제특구로 조성하는 방안도 적극 협의해 나가야 한다.

둘째, 미국을 설득할 때 가장 힘든 부분이 대량 현금의 북측 이전 문제일 것이다. 국제사회의 벌크 캐쉬 이전 우려를 감소시키는 것이 필요하므로 정부는 전문가들을 동원하여 이에 대한 대안을 마련해야 한다. 이를 위해 필자는 에스크로(escrow) 계좌로 현금을 예치하는 방안을 제안하고자 한다.

에스크로 계좌는 거래대금을 제3자가 보관하고 상호간 합의한 인출 조건 충족 시 기탁금을 찾을 수 있는 조건부 계좌라고 간단히 설명할 수 있다. 우리가 북측에 제공할 토지임대료, 세금, 통신비, 체류등록비 등의 대량 현금은 에스크로 계좌로 이체하고 북측은 이 돈을 식량, 비료, 의약품, 경공업 제품 등 민생물자 구입을 위해 사용할 수 있도록 합의하는 방식이다. 북한이 에스크로 계좌에 대해 반발할 가능성이 높지만 신뢰할 만한 중재자를 찾아 북한을 잘 설득해낼 수 있다면 개성공단 부활의 7부 능선을 넘었다고 할 수 있다.

이와 함께 정부는 북한에 대화를 제의하여 '남북공동의 개성공단 운영' 원칙 아래 새로운 공단 재개 방향을 설정하고 합의 해야 한다.

가장 먼저 할 수 있는 조치는 분위기 조성을 위해 자산점검 목적의 개성공단 투자 기업인 방북이다. 그리고 개성공단 발전방향 등을 주제로 남북공동 국제학술대회 개최 등을 추진할 필요가 있다. 한 걸음 더 나갈 수 있다면 내가 계속 강조했던 가칭 『개성공단 국제화 남북공동 연구소』를 설치하여, 개성공단 사업 재개 및 발전방안을 남북이 함께 연구하는 것이다.

거기에서 공동운영 원칙에 걸맞게 신변안전 보장, 투자자산 및 재산권 보호, 3통 문제 해결을 시급히 추진해야 한다. 이것이 기본이고 이 책에서 지속 강조해 온 사항이다. 특히 신변안전 보장을 위한 출입체류 부속합의서 체결과 통행 문제를 우선 논의해야 할 것이다. 또한 북한 근로자들에 대한 인사 노무관리권(채용, 배치, 작업지시, 교육, 기술지도 등) 확보, 생산성 향상 방안 등 경영환경 개선도 공동운영원칙에 부합되게 이루어져야 한다.

다음으로 북한이 관심을 가질 임금문제를 타결해야 한다. 필자의 제안은 실적주의 임금 지급이다. 2016년 최저임금은 73.8불이었다. 이렇게 천편일률적으로 임금을 정할 것이 아니라 고도의 숙련된 근로자들에게는 더 높은 임금을 지불할 수 있게 북측과 협의하는 것이다. 남북이 기술교육센터 강사 임금을 500불로 합의한 사례를 고려, 적절한 상한선만 결정하고 기업 자율에 맡기면 어떨까 싶다.

그 외 우리 측이 해야 하는 조치는 기반시설 및 지원시설 복구이다. 통신, 전력, 용수, 가스, 폐수, 폐기물, 도로, 교량, 공원, 녹지, 가로등, 신호등과 같은 주요 기반시설과 종합지원센터, 우리 인원 숙소, 병원 등 지원시설을 발전적으로 복원해야 한다.

한편, 북한은 2016년 초 우리의 개성공단 전면 중단에 대한 보복조치로 취했던 자산 동결을 해제하고, 무효화된 경협·교류합의서를 되살리며 남측 자산 청산 조치를 무효화해야 한다.

공단은 선 시범공단 가동 후 본공단 재개수순이 좋을 것이다. 여건이 조성되면 단기간 내 시설 복구가 가능한 기업 중 10개사 내외를 선정하여 시범 가동을 추진해 볼 수 있다. 의약품, 섬유 봉제, 신발 등 민생업체의 우선 입주를 고려할 수 있는데, 이는 국제사회를 설득시키는 데도 도움이 될 수 있을 것이다.

개성공단에 인원과 물자가 들어가는 시점이 되면 제일 먼저 방북해야 하는 인원이 관리위원회, 공동위원회 사무처 직원이 될 것이다. 그들이 공단에 복귀하여 대북협상 및 우리 국민 신변안전 보장 등 정식 업무를 개시하도록 서둘러야 한다.

장차 사무처 인원이 다시 개성공단으로 복귀하는 날이 오면 후배들에게 꼭 해 주고 싶은 말이 있다.

"사업의 기본이 무엇인지 정확히 파악하는 것이 중요해요! 그리고 그것을 끝까지 붙들고 반드시 바로 잡아 나가야 해요!"

부록

❶
저자의 개성공단 관련 글

개성공단이 한반도의 미래인 이유(2007.02.27.)[63]

"개성공단은 한반도의 미래이다."

지난 22일 개성공단을 찾은 페리 전 국방장관의 언급이다. 이에 앞서 지난 9일 개성공단을 방문한 무디스 관계자도 "핵 문제 해결"이라는 단서를 붙이긴 했지만 "개성공단은 한반도의 희망적 미래"라고 소회를 밝혔다.

조금만 더 시간을 거슬러 올라가면 지난해 12월 1일 미국 의원으로서는 처음으로 개성공단을 방문한 짐 맥더못 의원은 개성공단은 "남북 모두에게 이익이 되는 사업"이라고 평했고 동행한 에니 팔리오마배가 (Faleomavaega) 의원 또한 미국으로 돌아간 뒤 금년 1월 말 조선일보와 가진 인터뷰에서 "개성공단은 북한 주민들에게 일자리를 주고 남북관계를 증진시키는 뛰어난 아이디어다. 남북한은 모든 것들을 동원해 긴장을 줄이도록 해야 한다" 고 조언하였다.

지난 22일 개성공단을 방문한 주한외교단 일행도 개성공단 사업이 한반도 긴장완화와 평화정착에 미치는 영향을 한 목소리로 높이 평가

---

63)   대한민국 정책브리핑(www.korea.kr)

했다. 개성공단에서 그들은 무엇을 보았기에 개성공단을 한반도의 미래와 연결시키고 한반도의 평화증진에 미치는 영향을 높이 평가하는 것일까?

첫째, 그들은 개성공단 사업이 철두철미 남북한의 협력방식으로 이루어지고 있는 사실을 인상 깊게 받아들인다. 개성공단 사업 현황 보고는 관리위원회 위원장(남측)의 인사말로 시작하지만 사업 현황은 북측 여직원이 똑부러지는 영어 실력으로 브리핑을 한다.

브리핑을 받고 난 후 가게 되는 지원시설에서도 상황은 마찬가지이다. 소방대를 가보면 소방대장은 남측 주민이지만 소방대원은 모두 북측 청년들이다. 한전에 가면 한전 지사장(남측)과 함께 북측 여직원들이 밝은 미소로 방문객을 맞고 우리은행에서도 지점장(남측) 옆에 북측 직원들이 환전업무를 담당하고 있다.

여기까지 보고 나면 대부분의 외국인들은 다음과 같은 질문을 한다. "혹시 남한 청년들과 북측 여성 사이에 사랑이 싹터 결실을 맺은 일은 없는가?" 사랑은 국경을 넘는다는 말이 진실이라면 머지않아 우리는 그러한 상황을 목도하게 될지도 모른다. 이념과 체제를 극복하고 서로의 이익을 위해 손잡고 함께 일하고 있는 개성공단 내 남북한의 협력방식은 한반도의 미래와 평화를 유추해 내기에 충분하다 할 것이다.

둘째, 그들은 개성공단 내 남북한의 협력 방식이 단순한 유무상통의 방식이 아니라 서로의 장점과 경쟁력을 활용한 생산요소의 결합이라는 데에서 이 사업의 장기적 측면을 보는 것이다. 일자리가 부족한 북한에게는 일감을 주고 일손이 부족한 남한에게는 값싸고 질 좋은 노동력을 제공하는 이 사업은 말 그대로 win-win 사업이기에 이 사업의 지속가능성은 그 어느 사업보다 견고하다. 지난해 미사일 발사와 북한의 핵실험에도 불구하고 개성공단 사업이 남북 양측의 의지에 의해 지속되었다는 점은 이 사업이 외부환경 변화에 의해 간단히 무너지는 그런 사업이 아님을 강력히 시사하면서 강한 인상을 심어주고 있는 것이다.

셋째, 외국인들은 깨끗한 공장 시설, 샤워실, 화장실, 수준급의 의료 시설 등을 눈으로 확인하고 또 일하는 북한 근로자들의 외모가 생각보다 훨씬 좋은 것을 보며 개성공단이 북한 주민들에게 주는 긍정적 효과를 주목하게 된다. "개성공단은 북한 주민들의 빈곤 문제 해결을 위한 하나의 방법이 될 수 있으며, 특히 북한 여성들에게 많은 도움이 될 것으로 생각한다"(2월 22일 주한외교관 일행)는 말은 여기에서 나오는 것이다. 무디스의 토마스 번 국장은 "개성공단 근로자들의 외모가 금강산에서 본 북측 사람들보다 훨씬 좋아 보인다"고 말했다.

2006년 2월 9일, 국제 신용평가기관 무디스사 신용평가팀 Thomas Byrne 국장(사진 왼쪽 가운데) 등 13명이 개성공단을 방문하였다. 필자(Byrne국장 오른쪽으로 3번째)가 안내를 담당했다.

넷째, 외국인들은 개성공단 사업이 북한변화 여건을 조성하는 주요 사업이라는 점을 쉽게 깨닫는다. 지금 현재 1만 2000명의 북한 노동자가 개성공단에서 일하고 있다. 앞으로 5만 명 북한노동자 고용 시대는 먼 미래의 일이 아니다. 굳이 5만 명을 언급하는 것은 북측 가족구성원 20만 명(5만×4명/가족)이 개성공단에 직간접으로 연결되는 때를 말하고 싶은 것이다. 20만 명이라는 숫자는 북한 인구의 약 1/100에 해당한다. 그렇게 될 경우 개성공단 사업은 어떠한 남북사업도 해 낼 수 없는 변화를 추동하는 원동력이 될 것이라는 점에 주목하는 것이다. 체제전환을 경험했던 마틴 체크 체코 부대사는 "상당히 빠른 시간에 급속한 발전을 거두고 있는 것에 경탄한다"고 말했다. (중략)

개성공단 사업은 북한의 변화와 남북관계의 발전뿐만 아니라 한반도의 미래와 평화를 가늠해 보는 세계인의 창이 되고 있는 것이다.

레프코위츠 대 하인스브룩, 그리고 1대 444(2007.1.19.)

지난 11일 벽안의 두 외국인은 한반도와 미국에서 각기 개성공단에 대한 상반된 시각을 표출하였다. 한명은 미국의 레프코위츠 북한인권특사이고, 다른 한명은 이날 개성공단을 방문한 한스 하인스브룩 주한 네덜란드 대사이다.

레프코위츠 특사가 월스트리트저널(WSJ) 10일자에서 '개성공단 사업이 북한의 핵개발에 이용될 가능성이 높다'고 우려한데 반해, 하인스브룩 대사는 "개성공단 사업은 경제적 측면에서나 통일과 관련된 측면에서 모두 의미 있고 좋은 아이디어"라고 평가했다.

레프코위츠 대사가 개성공단 근로자의 임금이 제대로 전달되는지 의문을 표시하며 근로조건을 문제삼은 데 비해 하인스브룩 대사는 "근로자들이 자유분방하고 영양상태가 좋아 보인다"고 하며 "개성공단 사업은 경제상황이 좋지 않은 북한을 발전시키는데 좋은 방안"이라고 평가했다.

주의할 것이 있다. 이와 같은 상반된 시각은 1대 1 동등한 것이 아니라는 점이다. 2006년 12월 말까지 개성공단을 방문한 외국인은 444명에 이르고 있는데 이 가운데 단 한명도 레프코위츠의 시각에 동의하는 분은 없는 것으로 알고 있다. 그러니 레프코위츠 대 하인스브룩은 1대 1이 아니라 1대 444라고 해야 맞다.

(중략)

개성공단을 방문하는 외국인들은 보통 세 번 놀란다. 개성공단이 서울에서 이렇게 가까운 곳에 있다는 데 놀라고, 공장이나 화장실 등 시설들이 깨끗하고 근무환경이 쾌적한데 또 한 번 놀라고, 사회주의 지역에 개발되고 있는 개성공단에서 뿜어져 나오는 역동성에 놀라곤 한다.

레프코위츠 특사는 한 번도 개성공단을 방문한 적이 없다. 우리 정부는 그의 개성공단 방문을 기다리고 있다. 그도 공단을 방문하면 다른 외국인과 같은 반응을 보일까? 장담할 수 없는 일이다. 그의 마음이 이미 닫혀 있고 시각이 굳어져 있을 수도 있기 때문이다.

그렇지만 개성공단은 북한이 아니라 한국의 필요에 따라, 한국의 이니셔티브로 추진된 프로젝트라는 점, 북한에게 정당한 상거래를 통해 경제적 어려움을 극복해 가는 방법을 가르쳐주는 사업이라는 점, 또한 국내 인건비 상승과 노동력 부족으로 어려움에 직면한 수많은 우리 중소기업들에게 새로운 기회를 제공하는 사업이라는 점을 그가 이해할 때까지, 우리는 기꺼이 보다 실증적인 논리와 사례를 지속적으로 제공해야 할 것이다.

❷
개성공단 남북공동위원회 사무처 운영 및 관리에 관한 부속합의서

남과 북은 개성공단 남북공동위원회 사무처(이하 '사무처'라고 한다)의 운영 및 관리와 관련하여 다음과 같이 합의하였다.

제1조 운영

1. 쌍방의 사무처는 월요일부터 금요일까지를 근무일로 하며 각자의 필요에 따라 운영시간 외에도 근무할 수 있다.

2. 쌍방은 긴급한 문제처리에 필요한 연락체계를 개설·유지한다.

3. 사무처의 효율적 운영을 위해 쌍방 사무처장회의를 매주 목요일 오후 3시에 하는 것을 원칙으로 하며, 필요할 경우에는 수시로 할 수 있다. 사무처장회의에서는 사무처 운영에서 제기되는 문제들을 협의하고 다음 주에 예정된 주간 일정을 교환하며, 매월 마지막 주 회의에서는 다음달 예정된 일정을 교환한다.

4. 쌍방은 매일 9시 30분에 정기 협의에서 일일 업무계획을 교환하고, 필요한 사항을 협의한다.

제2조 통행·통신

1. 쌍방 사무처 인원이 상대측 지역으로 출입하는 경우, 상대측에게 입출경 24시간 전에 통보하는 것을 원칙으로 하며 긴급업무, 구급환자 발생 등 특별한 경우에는 예외로 한다.

2. 사무처 인원들은 쌍방 사무처가 발급한 출입증을 남북 간 통행 시와 개성공단 내에서의 신원 확인에 이용하며 관련기관은 이에 따르는 편의를 보장한다.

   출입증 발급 또는 재발급 시 해당 번호를 부여하고 관리대장에 등록하며, 관련 양식은 붙임과 같다.

3. 쌍방은 원활한 연락을 위해 사무처 간 직통전화와 개성공단 구내전화를 보장·이용한다.

4. 쌍방은 남측 사무처와 남측 지역 사이의 직통전화 3회선을 보장·이용하고, 남북 당국 간 회담 시에는 상호 협의하여 필요한 회선을 보장한다.

제3조 업무협조

1. 쌍방은 사무처에 출입하는 상대측 인원들과 차량에 대한 편의를 최대한 보장한다.

2. 쌍방은 긴급업무와 구급환자 발생 등 긴급한 상황일 시에는 상대측에 지원 및 협조를 요청할 수 있으며, 특별한 이유가 없는 한 이에 협조한다.

3. 쌍방은 사무처 내 보건 및 위생, 화재방지를 위해 상호 협력하여 필요한 조치를 취한다.

제4조 사무실 및 설비의 관리

1. 쌍방 사무처의 사무실과 설비 등의 관리는 사용하는 측이 하며, 회담장, 회의실 등은 공동으로 관리한다.

2. 쌍방은 사무처의 사무실 구조 변경, 장식물 설치 등의 경우에는 사전에 협의하여야 한다.

3. 쌍방 사무처의 비품, 자재 및 설비의 유지, 보수는 각기 부담하는 것을 원칙으로 한다.

제5조 수정·보충 및 효력 발생

1. 이 합의서는 남과 북의 합의에 따라 수정·보충할 수 있으며, 수정·보충되는 내용은 제5조 제2항과 같은 절차에 따라 효력을 발생한다.
2. 이 합의서는 쌍방 사무처장이 서명하고 교환한 날부터 효력을 발생한다.
3. 이 합의서는 일방이 상대측에 폐기 의사를 서면으로 통지하지 않는 한 계속 효력을 가지며 폐기통지는 통지한 날부터 6개월 후에 효력을 가진다.

2013년 10월 23일

개 성 공 단
남북공동위원회 사무처
남측 사무처장 이주태

개 성 공 업 지 구
북남공동위원회 사무처
북측 사무처장 윤승현

참고자료

1. 개성공업지구지원재단, 『개성공단 산업·생활 용어집』(2021.8.9.)
2. 개성공업지구지원재단, 『개성공단 관리·운영 백서〔2003년~2015년〕』
   (2018. 4. 26)
3. 개성공업지구지원재단 내부 자료 및 사진
4. 김동근, 『개성 1,200일, 빛과 그림자』(렛츠북, 2022.11.4.)
5. 김민주, 『나는 개성공단으로 출근합니다』(산지니, 2019)
6. 로저 피셔, 윌리엄 유리, 브루스 패튼 지음, 박영환 옮김, 『YES를 이끌어내
   는 협상법』(도서출판 장락, 2012.7.11.)
7. 박천조, 『개성공단 노사관계 연구』(북한대학원대학교 박사학위논문,
   2014.7)
8. 임을출, 『웰컴 투 개성공단』(도서출판 해남, 2005)
9. 홍승표, 『남북한 대립체제에서 사이공간의 탄생과 진화 -개성공단을 사례
   로-』(서울대학교 대학원 지리학과 박사학위논문, 2022년 8월)
10. 홍양호, 『절대로 포기할 수 없는 '통일' 화두』(선인, 2025.8.30.)